„Sie haben zu Göttingen studieret?"

Ein Lesebuch herausgegeben von Klaus Hübner

„Sie haben zu Göttingen studieret?“

Horsd'œuvre

Duett von
Karl Julius Weber
und Jules Huret

Dessert

Ein Lesebuch

herausgegeben von

Klaus Hübner

Göttingen 2020

Zur Einführung

Die in den großen Bibliotheken schlummernden Reisebeschreibungen *Deutschland oder Briefe eines in Deutschland reisenden Deutschen* des philosophischen Satirikers Karl Julius Weber erschienen in vier Bänden 1826-1828. Sie sind eine gleichsam informative wie kritische, dabei vergnüglich zu lesende Quelle über das Leben in Deutschland in vor- und nachnapoleonischer Zeit. Eine kleine Kostprobe, in der Weber das norddeutsche Flachland beschreibt: „Der Eingeborene mag sich hier ganz wohl gefallen, aber ein Süddeutscher kommt wohl schwerlich aus bloßer Reiselust zum Zweitenmal. [...] Liebende im Grase sind fast Carricatur wie in Holland – hier schattet kein Wald, hier blühet kein Baum, keine Nachtigall singt, wie sollten Dichter hier gut singen? [...] Alle vier Elemente taugen nichts!" (Bd. 1, Erster Brief. Deutschlands Lage, Gränzen und Böden, S. 11). – In dem hier vorliegenden Büchlein geht es allerdings um Göttingen, wo Weber 1791/92 studiert hat und an das er sich Jahre später erinnert. Es ist eine kenntnisreiche, kleine feine Skizze über Professoren, Studenten, Stadtbürger, über die Stadt und über die Georgia Augusta.

Ganz anders hingegen verhält es sich bei der Reportage des *Le Figaro* Korrespondenten Jules Huret über seine Erlebnisse um 1900 in Göttingen, „einer sehr sittsamen althannoverschen Stadt, in der es nach Jodophorm riecht." Denn dem französischen Journalisten und Schriftsteller wurden damals freimütig Einblicke in die verborgene, sonst wohl eher hermetisch verschlossene Welt studentischer Verbindungen gewährt. Von den 2.000 Studenten gehörten 400 den „Satisfaktion gebenden" Verbindungen an, und denen hatte er sich gewidmet („Und was die fleißigen Studenten betrifft, so trinken sie wenig und sind daher keine echten deutschen Studenten," beschreibt er die vorgefundene Meinung). Ob wir hier mit Huret nur in die Zeiten des längst vergangenen deutschen Kaiserreichs blicken, darüber mag ein Gedanke gestattet sein. Denn man darf annehmen, dass eher aus diesen 400 Söhnen adliger, reicher und einflussreicher Väter die sich als Elite verstehende und gebärdende Herrenmenschenkaste rekrutiert wurde, die dann in den 1930er und 1940er Jahren und weiter in nahezu ungebrochener Kontinuität hinüber in die 50er Jahre hinein die Geschicke des deutschen Volks bestimmt hat. „Diese Vereinigungen haben ein gewisses Etwas, das an Geheimverbindungen erinnert, und sind es zum Teil auch früher gewesen," heißt es bei Huret, und diese Welt dürfte – cum grano salis – auch heute noch existierende Realität sein. Blicken wir mit Huret also auch in unsere Gegenwart? Aber hier gilt es, solche Überlegungen abzubrechen! Das Büchlein soll ja – ganz im Sinne des *prodesse* et *delectare* der Aufklärung – nützen und unterhalten. Bekanntlich unterhält ja manchmal auch der Schrecken, der Horror.

Zum Dessert wird es dann wieder gemütlicher.

Göttingen, im Jahre 2020
Klaus Hübner

In dem großen Hörsaal der Universität Göttingen habe ich mir folgende Bekanntmachung abgeschrieben, die der Rektor selbst aufgesetzt und unterzeichnet hatte: „Es ist verboten, die Tische durch Einschneiden von Namen oder durch Zeichnungen zu entwerten. Zuwiderhandlungen werden bestraft."

Huret, In Deutschland. I. Teil, S. 195

Deutschland,

oder

Briefe

eines

in Deutschland reisenden Deutschen.

———

Vierter und letzter Band.

Dulce et decorum est pro Patria — scripsi!

Stuttgart,

bei Gebrüder Franckh.

1828.

Karl Julius Weber.

Gezeichnet von Mena 1811, gestochen von C. Deis.

Karl Julius Weber:
Deutschland oder Briefe eines
in Deutschland reisenden Deutschen. Göttingen.

Dulce et decorum est pro Patria – scripsi

Dritter Brief. Göttingen.[1]

[…] Nicht minder gefällt Göttingen selbst, Leine Athen ist
sehr gut gebauet, selbst der schlechteste Theil der Stadt,
klein Paris genannt, hat sich verschönert, und die mit
Linden besetzten Wälle gewähren einen schönern
Spaziergang, als die Umgegend mit ihren kahlen Hügeln und
der traurigen schmutzigen Leine. Gott! welcher Contrast mit
der Lage Tübingens, Heidelbergs oder Bonns! Georgia
Augusta, die Königin der Universitäten, sollte da liegen, wo
Münden liegt. Es ist gut, daß man in froher Jugend alles schön
findet, wo man noch wenig Vergleichungen anstellen kann,
und die Mehrzahl der Studirenden Norddeutsche sind. Ich
lächelte, als ich nach zwölf Jahren Göttingen wiedersahe,
gerade wie beim Wiedersehen meiner Laura, mit ihren
Kindern, und noch komischer waren mir die Aufwärterinnen
in den Straßen, mit schweren Folianten und Quartanten unter

---

[1] Karl Julius Weber: Deutschland oder Briefe eines in Deutschland
reisenden Deutschen. 4 Bände, Stuttgart, bei Gebrüder Franckh
1826-28. 4. Band (1828), [Auszug aus] S. 54-77.

*Editorischer Hinweis: In der Abschrift wurde die altertümliche
Rechtschreibung beibehalten. Die Frakturschrift des Originals
wurde ersetzt durch die Schriftart* „Times New Roman", *für die im
Original durch Antiquaschrift hervorgehobenen fremdsprachlichen
Zitate wurde die Schriftart* Arial *gewählt. Die zahlreichen
Sperrungen wurden beibehalten.*

den Armen in ihren langen katunenen Mänteln – selbst gewisse berühmte Männer. „Aber nie werde ich, wie es in den Stammbüchern heißt, die Stunde unserer Bekanntschaft vergessen! Schrieb's zum gütigen Andenken N. N.

„Sie haben zu Göttingen studieret?" war während der Revolution eine sehr verfängliche Frage – früher aber eine Empfehlung gerade wie ein Aufenthalt in Frankreich. Gottlob diese Zeit ist vorüber, und ich denke man darf es wieder sagen, daß von Göttingen aus ein politisch freier Sinn sich über Deutschland verbreitet, und noch vor Schlözer und Spittler mit einem jetzt vergessenen Mann begonnen hat – mit Schmaus; Wir sind doch wenigstens so weit zu fühlen, was es heißt: wenn die Franzosen von der Nation anglaise sprechen, und vom – peuple allemand! Es ist zwar nicht gut, wenn politische Einsichten mit politischen Einrichtungen im Widerspruch stehen, aber die eigene Obedientia passiva der Deutschen macht wieder den höhern Flug der Speculation unschädlich, und die ganze Frage der Madame Staele: Vous etes une nation et vous pleurez? Unsere Politik gleicht dem Hermes, der zwar einen Kopf hat, aber keine Hände und Füße, und so behalten wir Ruhe, die Eigenschaft der Homerischen Götter! Unsere Geister halten sich an die Nachwelt und Unsterblichkeit, und die Nichtgeister an Essen, Trinken und Bette!

Göttingen macht die Figur eines Kreißes, und zählt mit den Studenten à 14 – 1500 Köpfen und der Garnison von 200 Mann, 11000 Seelen. Auf den Wällen umgeht man die Stadt bequem in ¾ Stunden, hat Schatten, trockenen Weg und Aussicht, ja zur Zeit der Lindenblüthe athmet man, wo nicht

Meiners „süße Wohlgerüche in den Lusthainen der glücklichen Inseln" doch Lindenblüth Gerüche. Zur Zeit, wo der Philosoph sich so dichterisch oder patriotisch ausdrükte, athmete man sogar die eben nicht aromatischen Gerüche der Stadtgräben voll holländischer Sumpfmusikanten, deren Meisterwerke mich nicht selten vom Walle herabgetrieben haben, denn nicht alle sind des Naturdichter Brockes Meinung:

> Ich bin, bist du gleich noch so klein,
> beredter Frosch! dein aufmerksamer Hörer!
> du sollst, so oft du quakst mein Lehrer,
> dein Merk es meine Lehre seyn –

was am Ende selbst die Professoren übel nehmen könnten; Froschkeulen habe ich übrigens zu Göttingen nie gegessen, was auch nicht brittisch sondern allzufranzösisch wäre. Jetzt sind die Gräben meist ausgetroknet, und ich lasse mir die glücklichen Lusthaine der Georgia Augusta eher gefallen, die es für Professoren einmal gewiß sind, weit mehr als für den Goldschmidt, an dessen Bude steht: Universitäts-Goldschmidt!"

Der Name Göttingens kommt schon in einer Urkunde Kaiser Otto I. vor, kraft welcher dem Kloster Poelde Kirche und Zoll in villa Gotinge geschenkt wird, aus der villa wurde eine feste Hansestadt, die es nicht nur mit dem Raubadel, sondern selbst mit ihren Herzogen aufnahm. Der Ruhm Göttingens aber beginnt mit Stiftung der Universität 1734, die Minister von Münchhausen wie sein Schooßkind pflegte. Es hielt anfangs schwer, schickliche Wohnungen für die Professoren und erträgliche Kost für die Studenten zu finden, ja die Bürger waren so roh, daß sie den Professor der Anatomie

Menschenschinder schimpften, kaum Holz, Feuer und Wasser ums Geld hergeben wollten, und die Juden begrüßten sie mit – faulen Eyern! Im siebenjährigen Kriege schonten die Franzosen die Universität möglichst, unter Jeromes Franzosen aber wäre es ihr fast übel gegangen ohne Johannes von Müller und Villiers. Man hörte Stimmen der Gewalthaber „Qu'il falloit faire cesser un luxe si extravagante des Sciences, qu'aucun Gouvernement bien organisé ne sauroit souffrir" Gut organisirt konnte man das Napoleonische Schlaraffenreich Westphalen selbst nicht nennen, und so blieb Göttingen, was es war.

Die Stadt liegt am Fuße des Hainbergs im Thal der Leine, die ich nie rein gesehen habe, und wenn die Luft auch rein ist, so ist es doch das Wasser nicht, was das Theetrinken der Studenten entschuldigen mag, als ob sie Holländer oder Britten wären. Haller der Schweizer, nannte die gefeyerte Georgia Augusta „triste petite ville dans un triste pays" und Hochheimers Briefe über Göttingen sind halb Paßquil, beyde trugen ihre persönlichen Empfindungen in ihr Urtheil über, denn Göttingen gehört gewiß zu den reinlichsten und niedlichsten Städten Deutschlands – eine ächt englische Stadt verglichen mit Tübingen, Halle, Jena etc. auch nehme ich an, daß seitdem eine bessere Straßen-Polizei die Dachrinnen und die Reliquien des Viehes fortgeschaft hat. Für die Natur kann die Stadt nichts. Sollte jemand das Bier schlecht und die Butter als die schlechteste in ganz Niedersachsen, finden, so kann er Franzwein trinken oder Liqour bey Conradi, und sein Brod ohne Butter essen, die bey der magern sauern Waide nicht besser seyn kann. – Es ist recht gut, daß die Vogel selten sind, der ein

Donnerwetter so natürlich auf der Orgel darstellte, „daß die Milch in ganz Göttingen sauer wurde" – Wein und Bier sind ohnehin sauer, dafür ist das Brod desto trefflicher und die Methwürste auch, sonst hätte sie der große Friederich nicht so geliebt. Der Handel damit geht besser, als mit Göttinger Compendien oder Summae, wie sie das Mittelalter nannte, die Summen einbringen! – daher solche auch ein gewisser Buchhändler praktische Bücher nannte. Thee, Bischof und Punsch gibt ein brittisches air, das süddeutsche Bursche verschmähen, und was den Thee betrifft, wünschte ich selbst wieder die gute alte Zeit herbey, wo die Wirthin einem reisenden Britten, der ihr seine Theebüchse stillschweigend reichte, den ganze Vorrath gekocht vorsetzte als – Gemüse verziert mit einem Ring Bratwürste!

Der Göttinger und sein Schwein führen einerley Tisch, die Cartoffel ist alles, und wenn diese angeschlagen hat, so muß das Schwein selbst daran. Indessen Schweinefleisch ist doch noch immer besser, als gar keines oder um die um die Jacobi Kirche flatternden Dohlen, die manchmal für Tauben gehalten werden sollen. Lächlend gedenke ich meiner Studentenkost. Wenn die Cartoffel nicht das Gemüse oder den Salat zum Schweinbraten machte, so schwammen doch gewiß einige Cartoffelstüke in der Suppe, statt Gewürzes, neben einem Lorbeerblatt, und Breyhahn war der Nektar, der das philosophische Mahl krönte. Soviel auch hier gepfeffert wird, bin ich doch nie mit Cayenne Pfeffer geplaget worden, und die grüne Erbse (petit bois) ein herrliches Früh-Gemüse, das Philosoph Meiners mit Recht rühmet, und in unserem Süden vermisset hat – sah ich nur an Professoren Tischen, wie die Spargel, woran aber nur die Spitzen

genießbar waren. Der Süddeutsche findet alles theuer, theuer
sind einmal Hausmiethe, Holz und Wirthe, und hienach
richten sich begreiflicher Weise auch die – Collegien. Es gab
Professoren, die es haarscharf mit den Louis nahmen, solche
zuvor auf die Wage brachten – ja ein eigenes Armensünder-
bänkchen hatten für die, welche die Collegien frey baten – am
liberalsten war wohl der edle Lichtenberg! der in seiner Physik
gar oft Zuhörer hatte, die ihn nicht einmal um Zutritt baten,
wie in einer Kirche!

Göttingen ist da um den Geist zu pflegen, der sich nicht
nach Geld anschlagen läßt, und dieser Zweck wird vollkommen erreicht. Georgia Augusta ist die Königin der Universitäten, nicht blos deutscher, sondern aller Universitäten, eine
Welt Universität, und ihr Diadem die Bibliothek. Es
gibt zahlreiche Bibliotheken zu Wien, Berlin, München,
Dresden etc. aber keine, die so ausgesucht, und so
gemeinnützig wäre. Die fanatischen Araber verbrannten
einst die Alexandrinische Bibliothek ganz, mit Auswahl
dürfte man noch heute 2/3 vieler Bibliotheken in Asche
verwandeln, damit in chemischer Manier aus dem le plus
savant blos das le mieux savant übrig bliebe. Aber ohne jenes
Diadem, mögte die Königin leicht andern nachgesetzt werden!

Auf keiner Universität wird soviel studieret, (nur die
deutsche Sprache hat dieses Wort in unserm Sinne étudier
ist ein Germanismus,) und einen andern Germanismus 12 – 15
stündiges Sitzen über Bücher das ganze Jahr hindurch begreift
das Ausland ohnehin nicht; Nirgendswo trift man zwar so
viele Reiche, die nicht studieren – was bekanntlich mehr
kostet als Studieren, aber auch wieder so viele, die ganz
dem Dic cur hic leben. Ein großes Aufmunterungsmittel sind

die Preißaufgaben und wer den Preiß erhält, vergißt sich selbst über der Ehre. Der Verfasser der besten Abhandlung über den Luxus wurde von den Königlichen Prinzen eingeladen – Pütter frug im Cirkel nach dem Verfasser, und er drängte sich hervor und rief da ist der Luxus! Nirgends herrscht so viel Fleiß, als zu Göttingen, und der Ton ist ausgezeichnet gut, Sitten und Manieren untadelhaft, nur vielleicht ein bischen zu hoch geschraubt, hannöverisch kalt, stolz und zierlich, nicht traulich wie im Süden. Die Hälfte der Studierenden hat schon auf andern Hochschulen die Kinder-schuhe ausgetreten, oder ausgetobt, und die vielen Reichen von besserer Erziehung bringen schon den guten Ton mit. Der Feiner-Gebildete wird selbst bey Excessen immer weniger roh auftreten, als der Ungebildete, oder der, der aus ganz niedern Ständen abstammt, daher einst die Theologen die rohesten aller Bursche waren!

Die vielen Ausländer haben nie etwas von dem Unsinne des Comments gehört, und von dem handwerksburschenmäßigen Corporations-Geist, der in der Matrickel einen Freybrief siehet gegen Vergehungen, die gut eingerichtete Staaten keinem der Bewohner erlauben – während im Süden die Väter beym Gläschen ihre Studenten-Streiche erzählen, das hoffnungsvolle Söhnchen auflauschet, wie Kinder und Gesinde auf die Mährchen und Lügen der Rokenstuben, und kaum die Zeit der goldenen Freiheit erwarten kann, die ihm erlaubt den Herrn Papa nachzuahmen – und der Papa will sich dann wundern, und jammern? Indessen war 1790 kein übler Tumult. Nach den Rechten machen schon ihrer zehn einen Tumult – hier war mehr! Ein wandernder Tischler fragte einen Studenten nach der Herberge, und nannte ihn Er – dies veranlaßte Wortwechsel und Thätlichkeiten – die Tischler-Genossen nahmen sich des ihrigen an – die Studenten des Ers – der Tumult dauerte einige Tage – die Studenten zogen nach dem Gerstlingerodefeld, wo sie campirten – beyde Arten von Burschen arbeiteten nicht mehr – aber die Dragoner von Etzdorf stellten die Ruhe wieder her. Beym Einmarsch der Truppen rief ein Schuster: „Kämen dafür soviel Studenten!

Die Studentenzahl darf man zu 1500 annehmen, darunter mehr als die Hälfte Nicht Hannoveraner, meist Deutsche, aber auch Schweizer, Engländer, Russen, Franzosen, selbst Griechen – aber keine Oestreicher; sonst sahe man gesetzte Ungarn – aber der Adler Oestreichs erlaubt seiner Jugend nur in seine Sonne zu bliken! Mit 400 Thalern kann man durchkommen, aber die meisten brauchen mehr, und haben auch mehr. Ich nehme jeden einen in den andern gerechnet zu 100 Louis an = 140,000 ein hübsches Sümmchen für das arme Hannover! Man spricht hier von Louis, wie von Gulden, nirgendswo muß mehr Gerede seyn von unwichtigen und wichtigen Louis und die Goldwage mehr gebraucht werden. – Die Juden sprechen von Lugedorchen: folglich ist Göttingen keine Universität für Leute, die nur nach hessischen Albus rechnen, Groschen oder gar Kreuzern. Pütter, der erste Publicist Deutschlands, der vollkommen wußte, was Rechtens ist, aber nicht immer was Recht ist, bezog jährlich gewiß seine 12,000 Thaler, (er kündigte aber auch seine halbjährige Vorlesungen stets lange genug an mit dem frommen „So Gott will" –) und so viel hatte mancher weiland regierende Reichs-Fürst und Reichs-Graf nicht! Ich muß lächlen, wenn ich an die Ansichten des

18

Rechtsmannes von der französischen Revolution denke (1789) und dann wieder an Schlözer, der die Engel im Himmel ein Te Deum darob absingen hörte.

> Ein Stoß warf mit den Reichs-Gesetzen
> auch Pütters ganzes Staats-Recht um,
> und überall zerstob in Fetzen
> Feudale et Canonicum –
> und oben schwamm mit der Revolution
> hellstrahlend Code Napoleon!

Die vielen Reichen Studenten verursachen, neben der Theurung, einen auffallenden Kleiderluxus, verglichen mit andern Universitäten, wo man auf wahre Diogenes stößet. Man sieht Reitpferde und Jagdhunde, die Stallmeister zählen mehr Schüler, als mancher Professor, die Musen dürfen jagen, und so verwandlen sich dann nicht selten die Söhne der Minerva in reine Diener der Diana und des Bucephals, zum Nachtheil der blauaugigten ernstern Pallas. Nirgendswo werden ritterliche Uebungen mehr getrieben, als hier, denn nirgendswo sind so viele Reiche; mehrere lernten zu meiner Zeit auch auf der Geige kratzen zu Ehren des Pütterschen Wochen-Concertes. … Man kann nicht wissen – das kleinste praktische Talent gibt oft besser Brod, als die ganze Philosophie! und mehr als alle neun Musen lehret die zehnte Muse – die Noth! Im Jahr 1821 gaben sie Georg IV. ihrem Rektor Magnificentissimus ein so schönes Caroussel auf der Reitbahn, als nur immer der hohe Adel zu Wien dem Congresse geben konnte; ob sie auch auf ausgestöpfte Türken rannten, und mit dem Degen Türkenköpfe von Papp kühn herabhohlten, weis ich nicht. Es ist recht gut, daß die hohe Pforte keine ordentlichen Gesandten in Deutschland hat, gewiß würden sich diese beschweren, daß man eine alliierte und legitime Nation so mißhandle, im tiefsten Frieden! Zu diesen ritterlichen Uebungen kommen noch fleißige Reisen, vorzüglich nach Cassel und dem Harze, auch wohl nach den Seestädten, und so sind die Professoren Göttingens Magistri equitum et peditum!

Unter so glänzenden Umständen der Georgia Augusta kann es nicht an Hazardspiel fehlen, worunter ich auch die Hieber-Duos zähle. Wegen eines andern noch beliebtern Hazardspieles war es wohl der Mühe werth das hessische Dorf Bovenden einzutauschen, denn hier that dem Tempel der Musen der Tempel der Venus vulgivaga nicht wenig Eintrag; Thalia hatte hier zu Zeiten auch ihren Tempel in einer Scheune, und der Director nahm keinen Anstand Caesar in toga und den Sultan im Serai Neglige vorzustellen, in des Gastwirth Mahns schönem Schlafrok und Pantoffeln, oder sein Heer zu haranquiren, das aus zwei Göttinger Soldaten bestand! Im Gefolge der Thalia waren denn auch keine Floren, nicht einmal Minken, um mich studentisch auszudrücken, sondern ächte Besen und Knochen. Es macht doch schon mehr Umstände nach Cassel zu gehen, wo freilich noch ganz andere Tempel stehen. Das schöne Geschlecht ist der Schleifstein höchstens im Sinne Michaelis, und alle Musensöhne denken zu patriotisch, und zu ehrlich um – die Hebammen-Anstalt darben zu lassen. Apollo sitzt zwar schon lange unter den neun Musen, und alle neun sind noch Jungfrauen, aber sie sind zu arm, um Männer zu finden, und vielleicht gilt auch von Apollo

> Les grands esprits! d'ailleurs très estimables
> ont fort peu de talens pour former leurs semblables!

Herrlich sind die gelehrten Anstalten Göttingens, und nach der Bibliothek kommt das Museum, das in Ansehung der Seltenheiten aus der Südsee das reichste ist nach dem zu London. Trefflich sind Blumenbachs Sammlungen, darunter seine Schädel-Sammlung sich auszeichnet – seit Galls Schädellehre haben nun berühmte Köpfe auch keine Ruhe mehr im Tode – das physikalische Kabinet, das Lichtenberg anlegte, der reiche botanische Garten, wo Stadt-Graben und altes Gemäuer für gewisse Pflanzen genützt ist, die Anatomie, von welcher jener Chirurg behauptete Nusquam melius anatomisatur – das Kranken- und Gebährhaus – selbst eine kleine Gemälde-Gallerie ist vorhanden, die Fiorillo sammelte. Nicht leicht wird sich wieder ein Kranz so vieler literarischen Heroen zusammen finden, als hier zu Ende des vorigen Jahrhunderts versammelt war: Achenwall, Bekmann, Blumenbach, Buhle, Böhmer, Feder, Gatterer, Gmelin, Heyne, Heeren, Eichhorn, Kästner, Lichtenberg, Meiners, Michaelis, Planck, Pütter, Richter, Runde, Schlözer, Spittler, Wrisberg, etc. den Maler Fiorillo und Kupferstecher Riepenhausen nicht zu vergessen. Die meisten schlafen jetzt – aber noch leuchtet der Strahlenkranz, den sie um Göttingen verbreiteten.

Unter den Studierenden selbst bildete sich, zehn Jahre früher, der gleich seltene Heinbund oder Dichterkranz, Voß, Stollberg, Bürger, Holty, Gotter, Miller, Boje, Leisewitz, Overbek etc. worüber natürlich der alte Böhmer eigene Ansichten hatte, die noch viele Juristen mit ihm theilen mögen; er las Wielandii Tractatum de Oberone, und sagte Bürger: „Ich habe auch Ihr Calendarium Musarum durchblättert, und wundere mich, daß Sie sich mit solchen Allotriis abgeben!" So hielten alte Juristen ihren veralteten Kram für Staatswissenschaften, und es ist noch nicht lange her, daß dieser hochwichtige Zweig des Wissens, indem uns Franzosen und Britten so weit vorgeeilet sind, zur fünften Facultät erhoben ist, worüber mancher Jurist spöttelte, wie einst die Theologen über die Philosophie!

Ist es ein Wunder, wenn Göttinger Professoren sich als die Minister und Hof-Cavaliere jener einzigen Königin ansehen, und zwischen Studenten und Studenten nicht nur, sondern auch zwischen letztern und den Professoren ein Reichsländer den traulichen Umgang vermißt, der auf süddeutschen Universitäten herrschet, wo das Professorenleben manchmal ungemein viel Aehnliches mit Schauspielerleben hat? Zu Göttingen herrscht dafür noch die meiste Welt, so weit solches unter Gelehrten, und in der ganz eigenen Professoren-Atmosphäre möglich ist. Wer die Gelehrten des Auslands kennt, wird mich verstehen. Vita sine literis mors est! daher so viele Professoren in der Welt, wie Mönche außerhalb ihres Klosters und Fische außerhalb ihres Elementes. Der herrliche Lichtenberg, der doch zweimal in England war, konnte verlegen seyn bis zur Aengstlichkeit, und der witzige Kaestner kündigte jeden Einfall durch ein lautes Lachen an – Meiners schlug die Augen nieder bey seinen Vorlesungen, Pütter war ein wahrer Purus putus, und selbst mein lieber Schlözer ein bischen zu derbe, und dünkte sich ein Carl XII., wenn er auf einem Postklepper, einen Postillion voran, zur Gesellschaft im Freyen geritten kam!

In der Abgestorbenheit der gewöhnlichen Professoren-Welt ist nichts lebendig als gränzenlose Eitelkeit, die ihren Inhaber bis an das Ende seiner büchervollen Laufbahn zu begleiten pfleget. Die hohe Verehrung der Bücher umnebelt Studenten die Köpfe, wie Höflinge die der Fürsten, und erstreckt sich selbst auf Professoren-Söhne, die daher selten gerathen. Heroum filii noxae; sie haben ja selbst das Alter um sein ganzes Gewicht bey der Jugend gebracht, Jahre und Erfahrungen gaben sonst Kenntnisse, jetzt Bücher, und Nestor würde nicht mehr die Rolle spielen können, die er vor Troja spielte. Nie weis man mehr, als wenn man ganz frisch von Universitäten kommt, und der dummste Schuljunge antwortet auf die Frage, über die sich schon die größten Denker die Köpfe zerbrachen: Was ist ein Geist? „Ein Ding, das weder Fleisch noch Beine hat!" mit der vollkommensten Beruhigung. Sollten nun die Lehrer selbst nicht alles wissen? der Weltmann aber findet sich auf unsern Musen-Sitzen etwas beenget, und bedauert, daß Lob und Tadel, Ehre und Schande in der gelehrten Republik meist allein von hier ausgehet. Les Academies sont les Aristocrats dans la Republique des Lettres, und wo ich die Vota der Studierenden alle zählen könnte, so getraute ich mir eine Wette einzugehen, daß kaum ¼ ihre Kenntnisse dem Katheder verdanken, ¾ aber dem Selbststudium und Nachstudium zu Hause, wenn sie das Feuer auf die Nägel brennt!

Cur
HEROUM FILII
interdum NOXÆ
ANNUENTE DIVINO NUMINE
RECTORE MAGNIFICENTISSIMO
SERENISSIMO PRINCIPE AC DOMINO
DOMINO
JOANNE GVILIELMO
DUCE SAXONIÆ, JULIÆ, CLIVIÆ
ac MONTIUM &c. &c.
IN INCLUTA SALANA
PRÆSIDE
JO. ANDREA Schmidt
Prof. Publ.
disquirit
MARTINUS ANDREAS Blumröder
Longoprato-Thuringus
AUCTOR & RESPONDENS
Ad d. Decembr. cIɔ Iɔc LXXXIX.
JENÆ, Literis KREBSIANIS.

Aber darf man einer Königin übel nehmen, wenn sie stolz thut? Ein gelehrtes Werk darf sich schon glücklich preißen, wenn es in den Göttinger Anzeigen angezeigt wird – und nun erst recensirt in einem ganzen Bogen? ich küsse die Hand für die letztere Ehre, die mir wiederfahren ist. Fehlen kann es nicht, daß auch Nachteulen nach Leine-Athen flattern, und dann und wann die schwere norddeutsche Luft für prophetische Dünste gelten aus der Höhle von Delphos. Aber gewiß hat sich noch keiner über Göttinger beschweren können, wie Göthe sich über einen Recensent beschweret, der bey ihm speißte:

> „die Supp' hätt können gewürzter seyn,
> „der Braten brauner, firner der Wein"
> der Tausend-Sakerment!
> schlagt todt den Hund – es ist ein Recensent!

Zu Hannover mögen sie auch schon mit manchem berühmten Manne ihre liebe Noth gehabt haben? Kästner hatte Michaelis schwer beleidigt, und sollte ihm abbitten – er schlich sich ins Haus, klopfte 2–3 mal ohne einzutreten, bis M. zornig selbst die Thüre öffnete und Kästner sprang nun mit einem „O verzeihen Sie!" – die Treppe wieder hinunter, in fraudem legis!

Ob noch die Sonntags-Couren sind? Für mich haben sie in der Erinnerung noch viel komisches Interesse. Der Ton war zwar vornehm genug, aber nichts weniger als Hofton, denn der Hof eines Professors, kann nur Caricatur eines Hofes seyn, was vielleicht jener Studierende, der Höfe kennen mogte, fühlte, der zu einem Professor in Pantalons kam, „diese weiten Matrosenhosen sind wohl jetzt Mode?" sagte der stolze Pedant schnippisch, „Ja!" Aber geht man damit zu honnetten Personen? „Nein."

[...] Göttingen aber ist die Königin der Universitäten, der ich stets huldigen werde, jedoch nicht in Manier der Sklaven. Ob sie auch Königin bleibt? Berlin könnte ihr leicht gefährlich werden, Oxford und Cambridge aber von ihr vieles lernen. Wer da kann besuche sie, zum Beschluß seiner Studien wenigstens, einem Süddeutschen ist es eine Reise ins Ausland. Ich nehme an, daß dieser das Taback-Rauchen schon gehörig auf dem Gymnasium begriffen habe, wie das Bier-Weintrinken und Billard – hier lernt er auch noch Thee und Liquor hinzuthun. Die Bibliothek ist einzig, und es macht der Universität und den Studierenden Ehre, daß man kein Beispiel von Abführung der Bücher hat, oder die wirklich zu weit getriebene Willfährigkeit der Professoren in Ertheilung leerer Zetteln mit ihrer Unterschrift, um die Bücher nach Belieben darauf zu notiren, mißbraucht worden wäre zu einem – Wechselchen! Viele Professoren sind schon blos wegen der Bibliothek nach Göttingen gezogen, wo sie die Bücher, die sie anderwärts selbst kaufen müßten, oder gar nicht fänden, keinen Heller kosten –

> hic est panis Angelorum
> non mittendus Canibus!

[…]

* * *

Anmerkungen

„Dulce et decorum est pro Patria – scripsi"
(„Süß und ehrenvoll ist es, fürs Vaterland – zu schreiben").
In Abwandlung des berühmten Zitats von Horaz „Dulce et decorum est pro patria mori" („Süß und ehrenvoll ist es, fürs Vaterland zu sterben").

Nation anglaise – peuple allemand!
die englische Nation – das deutsche Volk!

Obedientia passiva – das still erduldende Leiden [der still erduldende Gehorsam]. Eigentlich ein theologischer Gedanke zum Begriffspaar *obedientia passiva* und *obedientia aktiva* für die Passionsgeschichte und das Leben von Jesus Christus.

Vous êtes une nation et vous pleurez? (Ihr seid eine Nation, und Ihr weint?). Aus Madame de Staëls „De l'Allemagne" (1813). de Staël variiert, was Maria Mancini bei ihrer verordneten Trennung von Ludwig XIV. dem weinenden König entgegnet hatte: „Vous pleurez, Sire, vous êtes roi!"

Qu'il falloit faire cesser un luxe si extravagante des Sciences, qu'aucun Gouvernement bien organisé ne sauroit souffrir. – Man müsse einem so extravaganten Luxus der Wissenschaft, der einem gut eingerichteten Staat nicht zu nützen geeignet ist, ein Ende setzen.

triste petite ville dans un triste pays –
traurige kleine Stadt in einem traurigen Land.

Compendien: Lehrbücher – Summae: die systematisch geordnete Darstellung eines gesamten Wissensgebietes.

le plus savant ... le mieux savant – Hier: damit aus dem besseren nur das beste Wissen übrig bleibt. Der bloße Kern.

Dic cur hic – „Sage, weshalb du hier bist" (Denke an den Zweck deines Hierseins!).

Feudale et Canonicum – Lehensrecht und Kirchenrecht.

Magistri equitum et peditum – Professoren zu Pferde und zu Fuß.

Floren, Florbesen: Beamten-, Buchhändler-, Apothekers- und Kaufmannstöchter; vornehme Frauen. – Minken: Bürgertöchter – Besen, Knochen: Frauen (abwertende Bezeichnung) – Florbesen: Dienstmädchen.

Les grands esprits! d 'ailleurs très estimables ont fort peu de talens pour former leurs semblables! – Großartige Köpfe! Übrigens haben sehr wertvolle Menschen nur wenig Talent, um ihre Mitmenschen auszubilden!

Nusquam melius anatomisatur – Nichts ist wertvoller als die Anatomie. Die höchste Kunst ist die Anatomie.

Vita sine litteris mors est – Leben ohne geistige Tätigkeit ist der Tod. (Seneca).

Purus putus – Einer, der nur sein Fach kennt.

Johann Andreas Schmidt: Cur Heroum filii interdum noxae. Jena 1689 („Warum vornehmer Leute Kinder gemeiniglich übel geraten"). Der Theologe und Kirchenhistoriker war Professor in Jena, später in Helmstedt.

Les Academies sont les Aristocrats dans la Republique des Lettres. – Die Akademien sind die Aristokraten in der Republik der Wissenschaften.

In fraudem legis – Unter Umgehung des Rechts (hier also: in Verletzung der guten Sitten).

Sonntags-Couren – Aufwartung beim Professor, 11-12 Uhr.

hic est panis Angelorum // non mittendus Canibus! – // Dies ist das Brot der Engel // Werft es nicht den Hunden hin! – Aus dem Lauda Sion Salvatorem („Lobe, Zion, den Erlöser"), um 1264 von Thomas von Aquin verfasst. „Seht das Brot, die Engelspeise! // Auf des Lebens Pilgerreise // nehmt es nach der Kinder Weise, // nicht den Hunden werft es hin!" (Franz Xaver Riedel, 1773).

JN DEUTSCHLAND
I TEIL RHEINLAND UND WESTFALEN
VON JULES HURET
GRETHLEIN u. Cọ
LEIPZIG · BERLIN
PARIS
HANS R. SCHULZE

In Deutschland

I. Teil

Rheinland und Westfalen

von

Jules Huret

Autorisierte Übersetzung aus dem Französischen von E. von Kraatz

Leipzig — Berlin — Paris
Verlag von Grethlein & Co.

Göttingen.[1]

Die Studenten.

Weshalb der Verfasser sich Göttingen aussuchte. – Eine kleine und philisterhafte Stadt. – Hat Heinrich Heine übertrieben? – Man darf nicht mit Regenschirmen ausgehen. – Werthers Ideal hat sich sehr verändert. – Die einzige Courtisane von Göttingen. – Kein Lärm, kein Frohsinn. – Blumengeschmückte Häuser und friedliche, nach Jodophorm duftende Straßen. – Der Student bei Tisch und auf der Straße. – Sein Ideal: für einen Offizier gehalten zu werden. – Kindliche Geistesverfassung. – Öffentliche Vergnügungsorte. – Ein Abend im Stadtpark. – Kühnheit der jungen Mädchen. – Zurückhaltung der jungen Männer. – „Maria Spring" – Ball im Walde. – Streitigkeiten zwischen Studenten und Offizieren. – Ungezwungenes Familienleben. – Ein Kutscher, der etwas auf sich hält.

Wo konnte ich den deutschen Studenten wohl am besten in einem Naturzustande beobachten? Ich hatte die Wahl zwischen Berlin, Heidelberg, Bonn, Jena und Göttingen. Aber Berlin ist Reichshauptstadt, in welcher sich die Studenten in der Menge verlieren und das gewöhnliche, anonyme Leben aller anderen Leute führen. Heidelberg ist die berühmteste unter allen Universitätsstädten Deutschlands, aber bei ihrem ungeheuren Fremdenbesuch hat sie die Unbefangenheit eingebüßt und benimmt sich wie eine bewunderte und gefeierte Schönheit; die Studenten wissen sich beobachtet und spielen gewissermaßen eine Rolle, die sehr geeignet ist, den Beobachter irre zu führen. Bonn ist die Universität der Prinzen und Snobs; da wird nicht gearbeitet, sondern posiert. Es bleiben also nur Jena und Göttingen übrig. Ich entschied mich für Göttingen, weil es weit entfernt von den großen Städten liegt, und auch ein wenig, weil Heinrich Heine es in den Ruf des Böotier- und Philistertums gebracht hat. Hat er wohl übertrieben? Was ist davon zurückgeblieben?

---

[1] Jules Huret: In Deutschland. I. Teil. Rheinland und Westfalen. Aus dem Französischen von Elise von Kraatz. Leipzig-Berlin-Paris: Verlag von Grethlein & Co. o. J. [1907], S. 432-495. – Originalausgabe: „Rhin et Westphalie: prospérité, les villes, les ports, usiniers et philanthropes, les grands syndicats patronaux". Editions Fasquelle. Bibliothèque Charpentier. Paris: 1907.

„In Göttingen werde ich die studentischen Sitten in ihrer ganzen Naivität vorfinden," sagte ich zu mir selbst, „und dabei kann ich dann gleich eine alte hannoversche Stadt studieren."

Ich bin zehn Tage in Göttingen gewesen. Folglich habe ich vollauf Zeit gehabt, um in aller Ruhe sowohl das Studentenleben, wie das Leben der guten Bürgerstände zu beobachten. Dabei habe ich mich sehr – habe ich mich aus vollem Hals amüsiert und mich zugleich sehr unterrichtet, Und das will ich hier alles erzählen. Aber was werden meine Göttinger Freunde sagen, wenn sie sagen, wenn sie sehen, dass ich mir erlaubt habe, nicht alles nur blind zu bewundern, was sie mir gezeigt haben? Wenn ich mir die Freiheit nehme, einige kleine lächerliche Seiten hervorzuheben, die allzusehr ins Auge fielen? Ich sehe sie förmlich ... Schon als ich in meinem ersten „Figaro"-Artikel geschrieben hatte, dass Göttingen keine Straßenbahn besitzt und keine so reinlich und hygienischen Hotels wie Hamburg und Berlin, erhielt ich eine energische Verwarnung von dem guten Herrn Neise, dem Besitzer der ältesten Göttinger Apotheke, in der er mir schrieb: „Ist das Ihr Dank für all unsere Gastfreundschaft? usw. usw."

O, Heinrich Heine!

Also auf die Gefahr hin, dass ernste Missfallen meiner Göttinger Freunde zu erregen, werde ich hier wahrheitsgemäß wiedergeben, was man mir gezeigt hat und was ich gesehen und gehört habe. Und ich bin der festen Überzeugung, dass ich mich dabei nur mit ganz törichten Leuten überwerfen werden. Die anderen, die liebenswürdigen, geistvollen Menschen, die ich hier kennen gelernt habe, werden mir meine Offenheit nicht übelnehmen.

Göttingen ist eine sehr sittsame althannoversche Stadt, in der es nach Jodophorm[1] riecht und wo alle, die eine Studentenmütze tragen, des Rechtes auf den Regenschirm verlustig

---

[1] Jodophorm: Eine früher gebräuchliche Ätherlösung zur Blutstillung und Wund-Desinfektion mit einem charakteristisch intensiven Geruch.

gehen. Und zwar ist es ihnen nicht nur streng untersagt, mit einem Regenschirm auszugehen – selbst bei Regen –, sondern sie dürfen sich auch nicht öffentlich mit einem Paket in der Hand zeigen. Die Militärpersonen dürfen in Deutschland übrigens ebensowenig mit einem Regenschirm erscheinen oder ein Pfund Schokolade in den Fingern halten. Aber warum es den Studenten, dessen Beruf es mit sich bringt, dass er sich mit ganzen Haufen von Büchern schleppen muss, nicht gestattet sein soll, die Blumen für seine kleine Freundin selbst zu tragen, das begreife, wer es kann!

Der Leser wird aus diesem einfachen Detail entnehmen, dass das Ideal des deutschen Studenten sich heutzutage wesentlich von dem Werthers unterscheidet, der mit Vorliebe für seine Lotte Besorgungen machte und sich durchaus nicht danach sehnte, für einen Offizier gehalten werden. Es ist ungemein bezeichnend für die jetzige Geistesverfassung der deutschen Jugend, dass es nur ein Muster gibt, dem sie alle nachzustreben bemüht sind, nämlich die Offiziere. Und zugleich wäre es eine gute Begründung für Marcel Prévost's These in seinem amüsanten Werk „Monsieur et Madame Moloch"[1], wenn man sehr voreilige Schlüsse ziehen wollte ...

Man sollte meinen, dass es in einer Stadt von 30.000 Einwohnern, worunter sich 2.000 Studenten und 1.000 Soldaten befinden, ein wenig lebhaft zugehen müsse, – ach Gott! ach Gott! – dass man auf den Straßen fröhliches Gelächter, und auch Frauenstimmen vernehmen müsste, – dass hier und da, wenn auch verstohlen, eine Taille umschlungen würde, die sich leicht umschlingen lässt ...

Ach nein!

Zehn Tage lang suchte ich nach der Courtisane, deren Schönheit und Ungestüm die Mußestunden der jungen

---

[1] Der französische Romanautor und Dramatiker Marcel Prévost, bekannt vor allem durch seinen begriffsprägenden Roman *Le Demi-vierges*, schrieb mit dem 1906 erschienenen Roman *Monsieur et Madame Moloch* eine heitere Satire über den deutschen Charakter.

Studenten doch erheitern musste. Durch sie hoffte ich der Seele des jungen Deutschen von heute näher zu kommen. Aber es war alles umsonst. Oh doch, doch! Am Vorabend meiner Abreise habe ich eine gesehen. Schüchtern, allein und sichtlich gelangweilt saß sie auf der Terrasse des Ratskellers, unter dem weiß und roten Leinendach, das sich unter den Zinnen und Türmen des alten Stadthauses entlangzieht. Es war ein warmer, regnerischer Nachmittag. Die Männer getrauten sich nicht, sie anzusehen, und sie getraute sich kaum die Männer anzusehen. Ein Matrosenhut krönte das auffallend blonde Haar, das man für gefärbt halten konnte, ein schwarzes Kleid mit Einsatz von unechter cremefarbiger Guipurespitze[1] hob die stattliche Büste noch mehr hervor; ein weißer Schleier verhehlte ihr verhältnismäßig bedenkliches Alter. Auf dem schmiedeeisernen Brunnen, der die Mitte des Platzes einnimmt, steht ein junges Mädchen aus Bronze, die von Gänsen umgeben, gelassen zusieht, wie das Wasser aus dem Becken ihnen leise murmelnd in die Schnäbel hinein rinnt. Dicht daneben halten ein paar Droschken, deren Pferde die blechernen Futtergefäße auf dem Boden hin und her schleifen. Einige Kinder spielen in der Nähe, ohne Lärm zu machen. Die alten Häuser aus dem 16. Jahrhundert, die den Platz einfassen, scheinen seit langer Zeit unter ihren verblichenen und moosbedeckten Dachziegeln zu schlummern.

Ich wollte mich unterrichten und redete die Vereinsamte an: es war eine Elsässerin, die am Tage zuvor aus Lüttich hierher gekommen war, und die das Leben, das die Studenten hier zu führen schienen, sichtlich enttäuscht hatte.

„Ich wollte mich eigentlich hier niederlassen" sagte sie. „Aber es kommt mir doch gar zu trübselig vor! Deshalb will ich morgen nach Kassel übersiedeln."

* * *

---

[1] Guipurespitze: Eine maschinell hergestellte, „unechte" Spitze

Diese stille, kleine Stadt gefällt mir. Abgesehen von der Hauptstraße, der Weenderstraße, und der Gerber-, Berg- und Prinz Albrechtstraße[1], die alle neueren Datums sind und mit ihren verschiedenartigen, heiteren gelben und roten Villen, ihren Gebüschen von Flieder, Weiß- und Rotdorn und Goldregen einen sehr freundlichen Eindruck machen, besteht sie fast ausschließlich aus alten ein- und zweistöckigen Häusern mit vorspringenden Giebeln und hohen Dächern mit zahlreichen Bodenluken. Die Fenster öffnen sich nach außen und machen mit ihren winzigen Scheiben bei Sonnenschein einen sehr heiteren Eindruck; sie glitzern und schillern, dass die Häuser aussehen wie lange strahlende Glaswände.

Die meisten dieser alten Gebäude haben eine Geschichte: Gedenktafeln machen den Vorübergehenden darauf aufmerksam. Auf diese Weise erfahre ich, dass Bismarck hier gelebt und studiert hat, dass er sich zweiundzwanzig Mal duelliert hat und dabei nur ein einziges Mal verwundet wurde.

Von Zeit zu Zeit erhebt sich inmitten dieser friedlichen Straßen ein anspruchsvoller Bau, der ein Nebengebäude der Universität vorstellt. Denn hier ist die Universität in allen Gegenden der Stadt verstreut. Man sollte meinen, dass dafür hygienische Gründe vorlägen und dass man die Professoren und Studenten nötigen wollte, sich mehr Bewegung zu machen; aber der Grund ist ganz einfach die zunehmende Anzahl der Studenten und die Weiterentwicklung der verschiedenen Wissenschaften. Hier ist ein chemisches Institut; dort ein physikalisches Laboratorium; an anderer Stelle steht wieder eine Klinik oder ein Hörsaal. Und überall sieht man Laub und Blumen, wie in allen deutschen Städten. An einigen Straßenecken schweift das Auge dann plötzlich in die Ferne: man sieht grüne Höhenzüge, Felder und Wiesen.

Keine betäubenden Straßenbahnen, keinerlei Unruhe und Fieberhaftigkeit; der Friedhof liegt in Laub und Gras ver-

---

[1] Baurat-Gerber-Straße, Bergstraße: Calsowstraße, Prinz Albrechtstraße: Keplerstraße

graben mitten zwischen Straßen. Eine stille friedliche Stadt, in der es sich gut studieren, sinnen und philosophieren lässt.

Im Hotel Royal[1], wo ich abgestiegen war, nahmen etwa zwanzig Studenten ihre Mahlzeiten ein. Ich konnte sie nach Herzenslust beobachten. Bei Tisch macht es der Student genau wie all seine Landsleute: er legt die Arme auf den Tisch, steckt die Nase in den Teller und isst ohne sich zu unterbrechen oder ein Wort zu sagen, bis der Teller leer ist, was nach zwei bis drei Minuten der Fall ist, da er sehr hastig isst und fast gar nicht zu kauen scheint. Dann richtet er sich mit erhobenem Messer in die Höhe, trinkt sein Glas aus, wischt sich das glänzende Gesicht ab, stößt einen tiefen Seufzer aus und wartet auf das nächste Gericht. Von Zeit zu Zeit lacht er laut und behaglich auf, wie ein fröhliches Kind.

Die Hauptverkehrsader, die Weenderstraße ist sehr lang und umsäumt von Läden und alten, niedrigen Häusern. Der Leser kann sich das Bild leicht vorstellen: die Provinzial-straße, in welcher der Student den Herrn spielt. Man sieht sie gruppenweise umher spazieren, die buntfarbigen roten, grünen, blauen und gelben Mützen mit verschiedenen Tressen und schmalen Schirmen weit in den Nacken gerückt, das Gesicht mit langen Narben bedeckt oder auch mit Watte und Verbandzeug umwickelt. Sie hinterlassen auf ihren Wegen einen widerwärtigen Jodophormgeruch, der einen überall verfolgt: in den Häusern, in den Hörsälen, in Konditoreien, in Hotels und sogar in den benachbarten Wäldern. Sie schreiten mit stolzer Miene einher, schwenken ihre Spazierstöcke und sind sich augenscheinlich sehr bewusst, dass sie den Gegenstand der allgemeinen Aufmerksamkeit bilden.

Es ist wie gesagt, nicht zu verkennen, dass ihr Ideal darin besteht, wie Offiziere auszusehen. Glatt rasiert oder mit einem leichten Schnurrbartschatten über der Lippe, mit pomadi-sierten Haaren und steifer Haltung sind sie sichtlich bemüht, alles nachzuahmen, was sie für militärisch korrekt halten:

---

[1] Der spätere „Fürstenhof" in der Barfüßerstraße 11.

nämlich die Straffheit, den Ernst, die unerschütterliche Gelassenheit, und beim Grüßen die automatische Bewegung des Oberkörpers, der sich wie eine Stahlklinge biegt und wieder aufrichtet. Diesen Chic – denn das ist er einmal in ihren Augen – besitzen sie alle. Und da die britische Steifheit diese anmutlosen Manieren nun einmal – vorläufig – zur Mode erhoben hat, so machen diese jungen Leute auf den ersten Blick einen distinguierten Eindruck. Und worin unterscheiden sich denn auch schließlich diese Pose und die Affektionen von denjenigen des jungen Provinzlers, der soeben in Paris ankommt und mit einer lodderigen Mütze auf den ungekämmten Haaren, mit seiner Pfeife im Mund noch dazu eine Sprache spricht, die ein widersinniges Gemengsel von heimischen Dialekt und Pariser Straßen-„Argot" darstellt. Das ist nur eine Frage der Ästhetik! Und es hat keinerlei Einfluss auf das Geistesleben dieser großen Kinder. Überdies führt allzu große Steifheit sehr leicht zu allzu freiem Benehmen, das seinerseits wieder gern ins Gegenteil umschlägt. Das Ideal würde sein, wenn man die jungen Südfranzosen bei ihrer Ankunft in Paris zu etwas mehr Ernst und Würde überreden könnte, und die jungen Preußen dagegen zu größerer Ungezwungenheit, was einfach darauf hinauslaufen würde, von beiden mehr Natürlichkeit zu verlangen. Aber die Natürlichkeit – ich meine das wahre Ich – kommt erst später zum Vorschein.

Die Offiziere kommen hier erst, wie in allen deutschen Universitätsstädten, in dritter Reihe in Frage, denn in erster Reihe stehen die Professoren, und in zweiter die Studenten. Diese Hierarchie ist eine fast unmerkliche; nur richten sie in den Salons stets alle Augen auf die Professoren, und selbst der Regimentskommandeur muss sich in diese Überlegenheit der Herren vom Zivil hinein finden. Auf der Straße suchen die jungen Mädchen einen lächelnden Blick aus Studentenaugen zu erhaschen. Der Offizier hat nichts weiter, als seine Uniform und seinen unnötigen Säbel; der Student hat eine glorreiche Narbe! Und dann ist der Offizier auch zu erhaben, zu unnahbar. Wie dem auch sein mag, er wird vom schönen

Geschlecht vernachlässigt. Daraus entspringt eine Abneigung, die sich im allgemeinen in einer feindseligen und gereizten Haltung äußert, – manchmal aber auch in Streitigkeiten, die dann sofort von den Vorgesetzten beigelegt werden, denn die Regierung hält im Prinzip darauf, dass es zwischen der militärischen und studentischen Jugend niemals zu offener Gegnerschaft kommt.

* * *

Außer der Weenderstraße gibt es noch mehrere Örtlichkeiten, wo sich die Studenten der Göttinger Gesellschaft zusammenfinden. Dazu gehört vor allem der „Stadtpark", wo die Militärkapelle an Sommerabenden zu konzertieren pflegt; bei Regen flüchtet man sich auf eine Art Galerie hinauf. Das Publikum schenkt der Musik nicht viel Beachtung; man kommt hierher, um im Freien zu essen und zu trinken. Die jungen Mädchen spazieren zu Zweien um den Musiktempel herum, und kein Mensch denkt auch nur daran, sich darüber zu wundern. Die Eltern sitzen an Tischen, an denen sich mehrere Familien zusammengefunden haben, trinken Bier und plaudern behaglich beim Klang der Militärmusik; der Vater stützt die Hände auf seinen Spazierstock und raucht, die Mutter faltet die Hände über ihrem Magen und sieht ihren Gatten an. Beim Anblick dieser bürgerlichen Geruhsamkeit könnte man sich einbilden, dass seit Goethes Zeiten in Hannover alles beim alten geblieben ist.

An anderen Tischen sitzen Scharen von Studenten in vielfarbigen Mützen vor ihren Seideln und beobachten die vorüberwandelnden jungen Mädchen. Nein, ich irre mich: die jungen Mädchen verschlingen die gleichgültig dreinschauenden Studenten mit den Augen! Es ist mir oft und an verschiedenen Orten aufgefallen, dass die Mädchen den jungen Leuten nachzulaufen schienen. Die letzteren sind weit zurückhaltender – um nicht zu sagen: sittsamer –; sie werfen den Mädchen nur dann und wann schüchterne Blicke zu, oder sehen sie überhaupt nicht an. Die jungen Mädchen dagegen blicken ihnen freimütig lächelnd und fast herausfordernd ins

Gesicht, – sofern diese blauen Augen überhaupt etwas Herausforderndes haben können; und zwar tun sie das meines Erachtens nicht aus Unverschämtheit oder gar Unsittlichkeit, sondern aus reiner Naivität.

Eine französische Bürgerstochter würde nie daran denken, sich öffentlich eine solche Dreistigkeit zu erlauben. Ihre Erziehung, ihre Eigenliebe, vielleicht auch ihre angeborene Koketterie würden sie verhindern, ihre Neigungen so offen zu bekunden, die doch in der Regel weit heftigerer Natur zu sein pflegen, wie diejenigen dieser kaltblütigen deutschen Gretchen. Wenn sich ein junges Mädchen Frankreich so betrüge, so würde man ihr sehr bald ohne Achtung begegnen. Hier denkt kein Mensch daran. Keiner der Studenten würde es wagen, ein junges Mädchen anzureden, wenn er sie nicht gut kennt. Er beschränkt sich darauf, seine Bekannten und seine Tänzerinnen von „Maria Spring" mit großer Herablassung und lächerlicher Emphase zu grüßen.

Maria Spring ist ein anderer Ort, wo sich die jungen Leute von Göttingen treffen. Es liegt am Saume eines benachbarten Waldes und ist von der Stadt aus mit der Eisenbahn in zehn Minuten und zu Fuß durch einen Spaziergang von einem Kilometer zu erreichen. In der Mitte eines freien grünen Platzes erhebt sich Estrade, und ein Orchester spielt eine Tanzweise nach der anderen. Unterhalb dieses Podiums und im weiten Kreise an den Anhöhen hin, zu denen man auf Treppen empor steigt, stehen Tische und Bänke, die dicht mit Biertrinkern besetzt sind. Ich spaziere eine Zeitlang zwischen den Gruppen von Studenten umher. Einige von ihnen führen Rassehunde an der Leine: Bernhardiner, Bulldoggen u. a. m. Die Rumänen verleihen dem Ganzen einen hochstaplerischen Anstrich; mit ihren weißen Flanellanzügen ihren zerbeulten Panamahüten, mit dem Monokel vor dem schwarzen Auge und den braunen, glattrasierten Gesichtern machen sie hier zwischen den starken blonden Köpfen einen seltsamen und unmotivierten Eindruck. Auch hier unter den Bäumen riecht es nach Jodophorm. Dieser Hospitalgeruch in dem frühlingsgrünen Walde ist geradezu widerwärtig; er rührt von dem Verbandzeug der Studenten her, die auf Mensur verwundet wurden, und nun schwarze Bandagen um den Kopf und Streifen von bläulichem Heftpflaster im Gesicht tragen.

Ich steige bis zu den obersten Stufen dieser ländlichen Holztreppen hinauf. Der abscheuliche Geruch verfolgt mich. Er verbreitet sich nach allen Richtungen und hängt unter den Laubmassen der Eichen und Ulmen in der Luft. Der Anblick, der sich mir von da oben bietet, lenkt meine Gedanken von diesen Unannehmlichkeiten ab. Die Tische, an denen die Studenten in ihren grellen, blauen, roten und gelben Mützen sitzen, sind schon mit ganzen Batterien von leeren Flaschen beladen. Am Ende jedes Tisches werden einige Dutzend von Bierflaschen kühl gehalten. Einer von den Trinkern, der mit dem Zählen derselben betraut ist, wirft die vollen Flaschen mit geschicktem Schwung von einem Ende des Tisches bis zum anderen, und seine Kameraden fangen sie mit lautem Zuruf auf. Auf dem Podium wird getanzt: ernsthaft und gemessen drehen sich die Paare, streng im Takt der Musik. Die Studenten legen ihre bunten Mützen nie aus der Hand! Sie halten mit Tanzen inne, gehen ein wenig herum und tanzen dann weiter. Sie tanzen steif, aber sonst außerordentlich gut Walzer. Bis vor kurzem pflegten auch die Offiziere an diesen ländlichen Festen teilzunehmen. Da es aber zwischen Zivil und Militär zu Zwistigkeiten gekommen war, wurde den Truppen der Besuch des Vergnügungsortes untersagt. Seitdem sind die Studenten Herren der Situation geblieben, aber diese Donnerstagabende haben dadurch sehr viel an Glanz verloren: die elegante Welt, die wirklichen Stutzer kommen nicht mehr hin. Der Schläger[1] hat den Säbel aus dem Felde geschlagen. Und ich glaube, dabei hat der Schläger nicht viel gewonnen ...

Eine dicke Frau, die mit ihren Töchtern und einigen jungen Leuten dicht neben mir an einem der einfachen Holztische sitzt, öffnet jetzt ein großes Paket, aus dem sie Brot, Schinken,

---

[1] Schläger: die studentische Fechtwaffe beim Mensurfechten.

Wurst und Obst hervorholt. Sie winkt den Kellner heran, bestellt Bier und beginnt dann mit ihrer ganzen Gesellschaft friedlich zu essen, indem sie dabei in aller Ruhe die tanzenden Paare und die Bier trinkenden Nachbarn betrachtet.

Ich bin per Wagen von Maria Spring heimgekehrt, und dabei habe ich mich sehr amüsiert. Als wir vom Vergnügungsort abfuhren, hatte mein Kutscher sich wegen der großen Hitze eine einfache, aber nette blaue Mütze aufgesetzt. Als wir uns der Stadt näherten, nahm er sie ab, holte aus dem Wagenkasten einen weißledernen Zylinder hervor und fuhr mit dieser Kopfbedeckung in die Straßen hinein. Bei meinem ganzen Göttinger Aufenthalt ist mir nichts Drolligeres vorgekommen, als dieser einfache und scheinbar selbstverständliche Ritus beim Einfahren in die Stadt. Als ich mich dem Sinn dieser Zeremonie erkundigte, wurde mir geantwortet:

„Weder Frau Professor, noch Frau Steuereinnehmer würden sich von einem Kutscher durch die Stadt fahren lassen, der keinen hohen Hut auf hätte."

Maria Spring

Göttingen.

Die Verbindungen.

Die verschiedenen Arten von Verbindungen. – Korps und Burschenschaften. – Worin sie sich unterscheiden. – Die neunzehn fechtenden Verbindungen. – Burschen und Füchse. – Jedes Korps besitzt ein Haus. – Ein Besuch bei der „Hannovera". – Der Kneipsaal und das Bismarckporträt. – Ein Burschenschaftshaus: „Alemannia". – Freundschaft der „Couleur-Brüder". – Ihr „Idealismus". – Nützliche Solidarität. – Strenge Reglements. – Der Karzer. – Was es da zu sehen gibt! – Tageslauf des Göttinger Studenten. – Einige Studierzimmer. – Herrliche Verkleidungen. – Weshalb die deutschen Konservativen das Korpsleben billigen. – Es ist verboten zu politisieren. – Eingeschlafene Gehirne. – Wie sich die politische Gleichgültigkeit eines großen Volkes erklärt.

Statt sich wie bei uns nach Studienfächern zusammenzutun – Jura, Medizin, Wissenschaften, Theologie –, verbinden sich deutsche Studenten *pêle-mêle*[1] zu Gesellschaften, die sich mit lateinischen Namen benennen: Saxonia, Hercynia[2], Bremensia, Brunsviga, Hannovera usw. usw. Diese Vereinigungen haben ein gewisses Etwas, das an Geheimverbindungen erinnert, und sind es zum Teil auch früher gewesen.

Die Jugend findet in allen Ländern daran Vergnügen, sich ein wichtiges Ansehen zu geben. Da sie noch nicht imstande ist, sich unter der großen Masse hervorzutun, will sie wenigstens unter Kindern eine Rolle spielen. Daher rühren bei uns die Baretts und bei den Deutschen die bunten Mützen und bei besonderen Gelegenheiten die Schläger und die hohen Stiefel, die ihnen ein drohendes und furchterregendes Ansehen geben, was ja bekanntlich das Ideal aller schüchternen Jünglinge ist.

Die Verbindungen zerfallen in zwei Klassen: diejenigen, die keine Satisfaktion mit den Waffen geben, wozu vor allem die Katholiken und die ganz besonders strengen und frommen Protestanten gehören, also die Studenten der Theologie (die

---

[1] bunt durcheinander

[2] Das Corps existierte von 1876-1935. Hercynia steht für Harz (Mittelgebirge) und ist Namensbestandteil einiger Studentenverbindungen (Die geläufigeren Namen der Verbindungen werden hier nicht erklärt).

zukünftigen Prediger); und die anderen, die Satisfaktion geben.

Ich werde mich nur mit den letzteren befassen, die uns vom nationalen Gesichtspunkte aus mehr interessieren, als die ersteren. Und was die fleißigen Studenten betrifft, so trinken sie wenig und sind daher keine echten deutschen Studenten.

Es gibt auch junge Leute, die gar keiner Verbindung angehören, und sich nur zu Gruppen zusammentun, um bei festlichen Gelegenheiten vertreten zu sein. Man nennt sie „Wilde" oder „Kamele".

Die beiden hauptsächlichsten Verbindungen, die Satisfaktion geben, sind die ziemlich exklusiven Korps und die Burschenschaften; i. J. 1848, als die republikanischen Ideen alle jugendlichen Köpfe erhitzt hatten, waren die letzteren liberal, und die Korps konservativ. Die Korps haben noch heute aristokratische Tendenzen, während die Burschenschaften, teilweise wohl aus Opposition gegen die Korps, demokratische Neigungen haben. Im Ganzen unterscheiden sich die Ideen oder Tendenzen der beiden Verbindungsarten (die sich übrigens nicht mit Politik befassen) nicht wesentlich voneinander. Die Korpsstudenten stammen gewöhnlich aus wohlhabenden Kreisen, und der Adel würde niemals daran denken, in eine Burschenschaft einzutreten. Es besteht eben nur ein Unterschied im gesellschaftlichen Rang.

Göttingen ist wie Jena wegen seiner Burschenschaften bekannt, ebenso wie Bonn, Berlin und Heidelberg wegen ihrer Korps.

Zwischen den Korps und Burschenschaften besteht ein gewisser Antagonismus. Die ersteren nehmen wie gesagt nur Aristokraten und reiche Leute auf; die Saxonia z.B. ausschließlich Aristokraten. Um Mitglied zu werden, muss man über eine Monatszulage von 600 Mark[1] verfügen. Bremensia

---

[1] Zum Vergleich: Eine Hausangestellte erhielt 60 Mark, ein Fabrikarbeiter 120-160 Mark im Monat. Das durchschnittliche Realeinkommen in Industrie und Handwerk um 1900 lag bei 90 Mark.

ist auch sehr exklusiv. Die Mitglieder sind der Mehrzahl nach Söhne von Bremenser Reedern und Großkaufleuten und werden nur auf Empfehlungen oder wegen Verwandtschaften oder sozusagen erblicherweise aufgenommen. Der Vater war in der Bremensia, also muss der Sohn da auch „einspringen".

Israeliten finden in keinem Korps Aufnahme. Katholiken sind auch nicht besonders gern gesehen.

Einige dieser Korps, wie z. B. die Bonner Borussen, sind geradezu berühmt. Alle Söhne des Kaisers, sowie der Kaiser selbst, sind Mitglieder der Borussia. Deshalb muss auch jede Neuwahl dem Kaiser zur Bestätigung unterbreitet werden.

Man kann immer nur in einer einzigen Verbindung angehören, da man sich in allen seinen Handlungen ganz streng nach dem Ehrenkodex seiner Gruppe zu richten hat.

Alle Verbindungen unterliegen sehr strengen Gesetzen. Einige von ihnen verlangen von ihren Mitgliedern vollkommene Keuschheit. Hat eines derselben gegen dieses Gesetz verstoßen, so ist er als Mann von Ehre gehalten, seine Schuld einzugestehen, und wird ausgestoßen. In anderen ist wieder das Hasardspiel untersagt. Wenn einer gegen diese Vorschrift verstößt, muss er es ebenfalls melden, worauf man ihm auf eine gewisse Zeit das Tragen der Couleur und das Teilnehmen an den Zusammenkünften verbietet.

Diese Zusammenkünfte gehören wie das Trinken während der ersten Semester sehr oft zu den Hauptbeschäftigungen der Studenten. Bei denselben wird vor allem darüber verhandelt, welche Verbindungen für die nächste Mensur herausgefordert werden und welche „Burschen" sich am nächsten Freitag schlagen sollen.

Es gibt in Göttingen 19 fechtende Verbindungen, und zwar: 7 Korps (mit 120 Mitgliedern), 5 Burschenschaften (90 Mitglieder), und mehrere Turn- und Gesangverbindungen: im Ganzen 400 Studenten, die mit den Waffen Satisfaktion geben müssen. Zu diesen 19 Verbindungen von Säbelhelden kommen noch hinzu: eine Verbindung von Neuphilologen, eine von Altphilologen und eine von Studenten der Naturwissenschaften, die alle drei gelegentlich auch Satisfaktion geben, aber nicht gehalten sind, sich regelmäßig zu schlagen, wie die 19 anderen.

Jede Verbindung umfasst zwei Arten von Mitgliedern: die „Burschen", die sich schon zwei bis dreimal geschlagen haben, und die „Füchse", die sich noch nicht geschlagen haben.

Die Füchse müssen den Burschen stets mit Ehrerbietung begegnen und ihnen unbedingt gehorchen. Sie tragen dieselbe „Couleur", aber während eines Semesters ist das vier Zentimeter breite Band, das sie quer über die Brust tragen, ein wenig anders, als das der älteren Mitglieder.

Die Korps besitzen alle eigene Häuser, in denen sie täglich zusammenkommen. Diese Gebäude sind den Vermögensverhältnissen der Mitglieder entsprechend mehr oder weniger elegant eingerichtet. Ich war bei der Hannovera zu Gaste, zu der seinerzeit Fürst Bismarck gehört hat! Sie ist sehr stolz darauf! Es ist ein schmuckes, kleines, ganz neues Gebäude mit hochgelegenem Parterre, Ziegeldach und kreneliertem Turm, auf welchem eine Fahne flattert[1]. Es liegt mitten in einem Garten, und an einer Ecke der Fassade ragt ein steinernes Standbild eines gepanzerten Ritters empor. Nachdem man einige Stufen hinangestiegen ist, um die Haustür zu erreichen, gelangt man vorerst in einen engen Gang, der von einem säulengetragenen Ziegeldach bedeckt ist.

Der größte Raum des Hauses – der, in welchem man trinkt –, heißt der „Kneipsaal". An den Wänden prangen Silhouetten von allen Mitgliedern, die dem Korps seit dessen Entstehung angehört haben: auch die von Bismarck, die man sofort an dem von roter, blau und gold betresster Mütze gekrönten energischen Bulldogenprofil erkennt. Auf dem Kaminsims

---

[1] Das Corpshaus der Hannovera steht in der Bürgerstr. 56/58

stehen Bronzestatuetten von Wilhelm I., Bismarck und Moltke; daneben ein gewaltiges Bierseidel, das mir wie das Heiligtum des Hauses vorkommt.

Zwischen den Waffen, Wappenschildern, Stichen und Lithographien, die alle Wände schmücken, hängen hier und da große Pfeifen mit Porzellanköpfen und verschiedene ungeheure Hörner, aus denen die Studenten beim Wetttrinken das Bier zu trinken pflegen ...

Schon beim Überschreiten der Schwelle wird man von einem leichten Jodophormgeruch empfangen. Er begleitete mich auf meinem Gang durchs Haus; von dem Zimmer an, in welchem sich der Verbandskasten befindet, bis hinauf in die Bodenkammern, wo ich eine Menge von Rapieren, Säbeln[1] und roten Mützen besichtigte.

Auch ein Burschenschaftshaus habe ich besichtigt: nämlich das der „Alemannia"[2]. Es wurde von den „alten Herren" erstanden (es gibt deren 150), von denen jeder seinen Mitteln entsprechend beisteuerte. Die 25 aktiven Mitglieder, aus denen die Verbindung gewöhnlich zusammengesetzt ist, und die alle noch ganz junge Leute sind, hätte sich diesen Luxus nicht gestatten können.

Trotz ihres Gartens und ihrer Veranda ist „Alemannia" nicht so elegant und auch nicht so gut gehalten, wie die Korpshäuser. Der Kneipsaal dient zugleich als Salon, als Lesezimmer und Cabaret[3]. Aber vor allem wird doch darin getrunken. An den Wänden hängen die Silhouetten der „alten Herren" im lila „Deckel" mit rotweißer Tresse; auf dem Tisch liegt das Kommersbuch, das viele Vaterlands- und Soldatenlieder enthält.

* * *

---

[1] Rapiere und Säbel: die studentischen Duellwaffen.
[2] Herzberger Chaussee 3
[3] eigentlich die „Schenke", der Schankraum.

Diese Verbindungen werden von ihren Mitgliedern sehr ernst genommen. Ihr Sinn für Einigkeit und die sentimentalen Regungen, die sie nicht im Verkehr mit jungen Mädchen befriedigen, veranlasst all diese jungen Leute, sich ihrer Gruppe mit wahrer Begeisterung anzuschließen. Die „Couleur" ihrer Verbindung ist in ihren Augen etwas Heiliges. Sie begeistern sich ganz aufrichtig für die Freundschaft unter „Couleurbrüdern", und für die Ehre ihrer Verbindung würden sie ohne Besinnen ihr Leben hingeben. Ihren ganzen „Idealismus" legen sie in diese erste Hingebung ihrer jungen Seelen hinein.

Übrigens hat dieser Idealismus, von dem sie so gern reden, sehr wenig Wert und verliert sich mit den Jahren: es ergeht ihm genau wie den ersten jugendlichen Liebesschwüren. Doch pflegen die „Brüder" einander noch später, und oft sogar lebenslänglich nach besten Kräften beizustehen, wenn es ihnen nicht zu viel Mühe macht, und sich eine günstige Gelegenheit dazu darbietet. So kann es einem Professor, einem Arzt oder Rechtsanwalt passieren, dass irgend jemand sich bei ihnen einfindet, der sie mit „Du" anredet und sich als Mitglied einer Saxonia, Hannovera oder Alemannia enthüllt, der sie früher einmal angehört haben. Dann müssen sie den Betreffenden freundlich aufnehmen, ihn zu sich einladen, ihn ihrer Familie und ihrem Bekanntenkreis vorstellen und für ihn tun, was nur irgend in ihrer Macht steht. Man versichert mir, dass diese Pflicht immer getreulich erfüllt wird ... Aber das ist doch kein Idealismus mehr! Es ist der reinste, praktische Realismus, denn da jeder gehalten ist, dem anderen zu helfen, so haben alle den gleichen Vorteil bei der Sache, und das Gefühl streicht die Segel vor dieser utilitaristischen Solidarität. Es ist eine auf Gegenseitigkeit beruhende Gesellschaft für Protektion und Günstlingswirtschaft. Doch ich gebe gern zu, dass die Freundschaft und die Begeisterung während der Studienjahre selbst durchaus selbstlos und ehrlich gemeint ist.

Die Reglements der Korps und Burschenschaften sind überaus streng. im Gegensatz zu den weit wohlhabenderen amerikanischen Studenten essen die deutschen in Bierlokalen. Jede Verbindung hat ihre eigene, bevorzugte Restauration oder Bierstube. Es kommt vor, dass verschiedene Verbindungen in demselben Restaurant essen; aber aus Rücksicht auf den lieben Frieden herrscht das stillschweigende Übereinkommen, dass die Korps nicht in denselben Lokalen mit Burschenschaftlern verkehren, und umgekehrt.

Wenn ein Verbindungsmitglied in einem anderen Restaurant zu Mittag isst, oder in einem anderen Café verkehrt wie seine Verbindung, so muss der Betreffende 10 Mark Strafe zahlen.

Der Leser mag diese Disziplin nach Gefallen bewundern oder auch nicht bewundern.

Es ist streng vorgeschrieben, dass man einander bei Begegnungen auf der Straße durch Abnehmen der Mütze zu grüßen hat. Ich habe schon erwähnt, dass dieser Befehl mit Emphase ausgeführt wird.

Abgesehen von den Krankheitsfällen muss jedes Mitglied bei allen Kneipen zugegen sein, und essen muss er allwöchentlich wenigstens viermal in Gesellschaft seiner Couleurbrüder. Es ist verboten, mit einer anderen Kopfbedeckung als mit der Korpsmütze auf die Straße zu gehen. Zeigt man sich in Begleitung weiblicher Wesen, so wird man streng bestraft: man verliert für mehrere Wochen das Recht, seine Korpsmütze zu tragen.

„Das ist eine harte Strafe,“ sagte mir ein junger Korpsbursche der „Hannovera“, „man könnte es fast eine Schande nennen.“

Also etwas Ähnliches wie der mittelalterliche Bannfluch!

Das Reglement enthält auch Strafen für solche Mitglieder, die auf der Straße Lärm machen oder ihre Würde nicht zu wahren wissen. Doch werden wir noch sehen, dass dies nur Phrasen sind ...

Als ich mich über die Strenge wunderte, entgegnete man mir:

„Wenn ein Offizier in Uniform auftritt, ist er genötigt, sich selbst zu achten, um von anderen geachtet zu werden. Weshalb sollte ein Student weniger um seine Ehre besorgt sein?"

Auf Ablehnung einer Duellforderung steht: T o d , d. h. Ausstoßung.

Wird ein Student ungeachtet der strengen Universitätsdisziplin von einem Kommilitonen geohrfeigt und bringt die Sache bei dem Rektor zur Anzeige, so wird derjenige, der die Ohrfeige ausgeteilt hat, auf einen oder mehrere Tage in den Karzer gesperrt.

Schlägt er sich aber auf Säbel, und kommt es dem Rektor zu Ohren, so wandert er ebenfalls in den Karzer hinein. Bismarck hat mit ihm Bekanntschaft gemacht, als er ein Pistolenduell gehabt hatte. Heutzutage kommen Pistolenduelle fast nicht mehr vor.

Ich bestand darauf, mir den Karzer anzusehen, denn ich glaubte nicht recht an ihn. Im dritten Stockwerk der „Aula" (ein großes Gebäude, in welchem sich die Bureaus der Universitätsbehörden, der Festsaal u. a. m. befinden) sind vier kleine Räume nach Art von Zellen eingerichtet worden. Die weißgetünchten Wände sind mit Zeichnungen, Silhouetten, Karikaturen, Mottos, Ausrufen, Versen und Liedern bedeckt. Das Mobiliar besteht aus einem eisernen Bett mit grauer Wolldecke, einer Bank, einem Tisch, einer winzigen Waschschüssel und einem kleinen, gusseisernen Ofen. Als Andenken prangen an den Wänden auch eine ganze Anzahl von bunten Studentenmützen. Auf einem Felde der Mauer hat irgendein Gefangener eine Liste von erwünschten Dingen eröffnet, und seitdem hat jeder seine eigenen Ideen mit Bleistift darunter gekritzelt. Ich erwähne beispielsweise: ein Schlüssel (um hinaus zu gelangen), eine Matratze, eine Bibliothek, ein Spiegel, ein Apparat zum Öffnen der Jalousien u. a. m. Auf dem Fußboden der Gänge, auf denen die Gefangenen spazieren gehen dürfen, stehen allerlei scherzhafte Inschriften, wie „Hotel Bellevue", „Hotel zur akademischen Freiheit" usw. Die Gefangenen sind nicht zu sehr zu beklagen.

Sie empfangen die Besuche ihrer „Couleurbrüder", die ihnen Bier, Wein, Lebensmittel und Zigarren in Hülle und Fülle herzutragen. Solche Gelegenheiten sind meistens ein willkommener Anlass zu harmlosen kleinen Orgien.

* * *

Der Tag eines Göttinger Studenten verläuft wie folgt: Zwischen sieben und acht Uhr, vorm Ausgehen, nimmt er seinen Milchkaffee ein. Dann geht er nach dem Ratskeller, wo er mehrere Gläser Bier trinkt und ein wenig Wurst isst: das ist der „Frühschoppen" oder auch „Nationalschoppen". Um ein Uhr isst er bei seinem Korps zu Mittag. Dazwischen wird er wohl auch dann und wann einmal in den Hörsaal gehen. Doch ist das nicht sicher, denn er muss sich im Rapier- und Säbelfechten üben, auch muss er den Zusammenkünften, den Mensuren und Kneipen beiwohnen. So kommt es, dass der Student über diesen Spielereien oft drei, vier oder gar fünf Semester verliert. Während dieser Zeit geben sich die anderen Studenten fleißig ihren Studien hin. Denn zur Ehre der deutschen Universitäten muss gesagt werden, dass Studenten, die verpflichtet sind, sich zu schlagen, doch immerhin in der Minderheit sind. In Göttingen gibt es z.B. unter den 2.000 Studenten nur 400, die den fechtenden und kneipenden Verbindungen angehören.

Die jungen Leute leben ziemlich wohlfeil. Für 25 Mk. monatlich finden sie eine sehr nette Wohnung. Das Mittagessen kostet ihnen durchschnittlich 1,50, und am Abend essen sie für 50 Pfg. kalten Aufschnitt. Mit 100 Mk. kann ein Student seine Wohnung, Kost und Wäsche bestreiten. Es bleibt dann nur noch das Bier bei den Verbindungskneipereien übrig. Aber das geht ja auch ins Wilde! ...

Ich habe mir mehrere Studentenzimmer angesehen; sie haben viel Ähnlichkeit mit den gewöhnlichen Zimmern des *Quartier Latin*, sind aber im allgemeinen besser gehalten. An den Wänden hingen zahlreiche Mützen, denn die Korpsmütze muss immer schmuck und sauber sein, und bei den großen

Bier-Orgien (von diesen reizenden Vergnügungen wird noch die Rede sein) kommt es vor, dass sie befleckt oder beschädigt werden. Man hebt sie als Trophäen auf, um sich der Reihenfolge der Trunkenheiten zu erinnern, und da sie alle lebhafte Farben haben, so ist eine so verzierte Mauer immer ein hübscher Anblick. Bei einem der liebenswürdigen jungen Leute, die so freundlich waren, mich über das Studentenleben zu orientieren, sah ich eine ganze Sammlung von Bändern von verschiedenen Verbindungen, denen seine Freunde angehörten. Einige derselben waren mit Blut befleckt. Dann zeigte er mir auch die Photographien seiner Gegenpaukanten. Von 23 hatte er 22 verwundet; er selbst war 19mal verwundet worden. Aber die „Blutigen", die er ausgeteilt hatte, beliefen sich auf 68, während er deren nur 52 empfangen hatte.

„Ich bin sehr zufrieden," sagte er. „Es ist ein guter Durchschnitt."

Bei einem Apotheker, der hier auch studiert hatte – ich meine den freundlichen Herrn Neise – habe ich einmal die Photographien der prächtigen Kostüme bewundert, die er früher selbst als Chargierter eines Korps getragen hatte. Auf dem Kopf das „Cerevis"[1] – ein kleiner goldgestickter Deckel, der an eine Polomütze erinnert –, im reich verschnürten Rock, breiter Schärpe in den Korpsfarben, weißem Beinkleid und hohen Reiterstiefeln stand er da, der jetzige brave Apotheker; die mit Stulphandschuhen bekleideten Hände packten das lange Erzengel-Schwert, und die Narben und der emporgewirbelte Schnurrbart verliehen ihm ein drohendes und prächtiges Aussehen!

* * *

---

[1] Cerevis: die Studentenmütze, das Barett; eigentlich die Kneipmütze der Studenten beim Zechen, beim Bier trinken (lat. cerevisia, das Bier).

Alles dies sind Spielereien, die diese jungen Leute sehr ernst nehmen, denen die Professoren und Behörden eine scheinbar ernste Bedeutung beilegen, und die mir jedenfalls dazu zu dienen scheinen, die jungen Männer von gefährlicheren Beschäftigungen abzuhalten.

Die deutschen Konservativen billigen dieses Verbindungstreiben wohl hauptsächlich deshalb, weil es die Jugend von der Politik ablenkt und sie an Disziplin gewöhnt. Es ist den Studenten bei Strafe der Regierung verboten, sich irgendwie mit Politik zu befassen. In diesem Alter pflegt man zu liberalen Ideen zu neigen, und diese werden von den fechtenden Verbindungen nicht etwa bestärkt, sondern bekämpft, denn die Mitglieder müssen unausgesetzt gehorchen und ihre ungestümen Regungen, wenn sie wirklich welche haben sollten, energisch unterdrücken. Ganz abgesehen davon, dass ihre Bereitwilligkeit, alle politischen Gespräche zu meiden, solange sie Studenten sind, schon einen Grad von Fügsamkeit bekundet, der bei der freien und lebendigen französischen und sogar bei der russischen Jugend, die die Seele der heutigen Fortschrittsbewegung ist, geradezu ein Ding der Unmöglichkeit sein würde. Ich habe versucht, einen oder den anderen Studenten in ein politisches Gespräch zu verwickeln. Ihre Unwissenheit ist rührend und ihre Gleichgültigkeit betrübend. Diese jungen Gehirne scheinen in einem tiefen Schlummer zu liegen. Trotz ihrer ernsten Mienen sind sie noch viel jünger als ihr Alter. Der Gehorsam und die Disziplin, die man bewundert, wenn sie bewusst und verständnisvoll erscheinen und wenn ihr Zweck und Erfolg in Ordnung besteht, kommt mir in diesem Falle wie etwas geradezu Schädliches vor. Man verbietet ihnen, sich über Politik zu unterhalten, und sie gehorchen, ohne auch nur über die Berechtigung des Verbots nachzudenken. Und was ist die Folge davon? In einem Alter, das sie berechtigt, an die Wahlurne zu treten (ein Alter, in welchem unsere jugendlichen Südfranzosen sich in der Regel bereits für eine bestimmte Partei entschieden haben, der sie allerdings späterhin oft wieder untreu werden), sind es die jungen Deutschen zufrieden, sich – auf Befehl – allen begeisternden Problemen der Neuzeit zu verschließen. Und das würde schon allein genügen, um die politische Atonie[1] des deutschen Volkes zu erklären.

Federzeichnung von Anna Fehler (1922)

---

[1]Atonie: Schlaffheit

Göttingen.

Die Mensuren.

Weshalb schlägt man sich? – Statutenmäßig vorgeschriebene Herausforderungen. – Man schlägt sich von 7 Uhr morgens bis 7 Uhr abends. – Ein Morgen in der „Landwehr". – Der Verfasser wohnt zwölf Zweikämpfen bei. – Die Vorbereitungen zum Kampf. – Ausrüsten der Duellanten und ihrer Sekundanten. – Die Zuschauer. – Das Kampf-Reglement. – Das Zählen der „Blutigen". – Abstoßender Anblick. – Überall Blut. – Ein Duell „pro patria". – Die Aufgabe der Chirurgen. Die Narben müssen sichtbar bleiben. – Ein Duell auf Säbel. – Geheimnisvolle Rendezvous. – Das Zeremoniell. – Keine pur von Fechtkunst. – Säbelhiebe und Blut. – Klaffende Wunde von 12 cm Länge. – Überwendliche Naht im menschlichen Fleisch. – Der Gesichtspunkt des deutschen Botschafters. – Gründe dieser wilden Sitten. – Ihre nicht zu verteidigende Rohheit. – Vererbung und Überlieferung. – Was die deutschen Frauen tun könnten! – Woran Deutschland denken sollte!

Was ist ein Studentenduell? Und weshalb schlägt man sich?

Die Franzosen sagen: „Diese deutschen Studentenduelle sind die reine Kinderei. Die Leute sind so bepolstert und gepanzert, dass sie einander nichts tun können."

Das ist leicht gesagt. Was mich betrifft, so habe ich hier so viel von diesen barbarischen oder vielmehr törichten Sitten gesehen, dass ich nur mit Schauder daran zurückdenke und nicht begreife, dass so etwas überhaupt in einem zivilisierten Lande vorkommen kann.

Ein Duell (man nennt es hier „Mensur") ist nur in seltenen Fällen das Ergebnis eines Streites. Mit Ausnahme der Berliner sind die Deutschen überhaupt nicht streitsüchtig. Ich habe niemals einen heftigen Wortwechsel vernommen und habe nie erlebt, dass es auf der Straße zu Händeln kam; sogar unter den Arbeitern der Vororte und unter den Kutschern muss das eine Seltenheit sein. Und wenn man abwarten wollte, dass die Studenten sich herausforderten, so würde es sehr wenig Gelegenheit zum Schlagen geben. Aber die Statuten der Verbindungen haben vorgesorgt. Ich habe bereits erwähnt, dass die jungen Studenten, die sogenannten „Füchse" erst nach drei oder vier Mensuren zu „Burschen" werden.

Natürlich können sie es nicht erwarten, als „Erwachsene" behandelt zu werden. Eine Mensur wird als tapfere Tat angesehen und die Narben als Zierden und Trophäen. Das deutsche Gretchen hört von ihrem Vater und Bruder – die natürlich auch Narben haben –, dass nur mit Narben versehene Jünglinge würdig sind, als Helden geliebt zu werden, und der junge Milchbart hat es daher sehr eilig, zum Helden zu werden und Blut zu trinken!

Die „Chargierten" der Korps treten jede Woche zusammen, um über das Arbeits-, ich meine das Mensurprogramm für den Sonnabend zu beraten. Es müssen an jedem Sonnabend mindestens ein oder zwei Mensuren stattfinden. Die Füchse werden nach Maßgabe ihrer Ausbildungsstufe entweder für die eine oder die andere Woche ausgewählt. Da die Mitglieder derselben Verbindung sich nicht untereinander Schlagen dürfen*, so muss entschieden werden, welche Verbindung die Forderung erhalten soll. Sobald man sich darüber geeinigt hat, wird die Forderung abgesandt, und nun muss die geforderte Verbindung im Verein mit den Kontrahierenden bestimmen, welches Mitglied sich als Gegner stellen soll. Dies ist eine sehr nützliche Maßregel, da es nicht angeht, einen Anfänger oder einen zu kleinen oder zu leichten Fechter einem alten Fechtbruder, einem schweren Gewicht oder einem Riesen gegenüberzustellen.

Die Korps schlagen sich nicht mit den Burschenschaften**, es sei denn, dass irgend ein ernster Streit zu einem Duell mit dem Säbel führen sollte.

Wie verlaufen diese Mensuren?

Ich kann es sagen, denn ich bin an einem schönen Morgen des Monat Mai bei einem ganzen Dutzend zugegen gewesen.

---

*Im Fall einer ernsten Beleidigung zwischen Korpsbrüdern, muss einer derselben aus dem Korps austreten, wenn sie sich durchaus schlagen wollen.
**Eine Ausnahme findet nur in Kiel statt. Hier gibt es nur ein Korps und eine Burschenschaft, die also genötigt sind, sich miteinander zu schlagen.

Man schlägt sich manchmal von sieben Uhr morgens bis sieben Uhr abends. An diesem Morgen gab es nur vierzehn „Partien", die etwa von sieben bis zwei dauerten.

Die Mensuren finden auf der „Landwehr"[1] statt. So nennt man den scheunenartigen Tanzsaal, der etwa zwei Kilometer von der Stadt entfernt einem Wirtshaus gegenüber der Chaussee liegt. Die Studenten begeben sich entweder zu Wagen oder zu Fuß dahin.

Die Personen sind etwa folgende:

Die Gegner stehen einander mitten im Saal gegenüber. Da es sich nicht darum handelt zu töten, sondern nur einander zu verwunden, sich gegen Schmerz abzuhärten und an den Anblick von Blut zu gewöhnen, so umwickelt man ihnen den Hals mit einer langen Binde von wattiertem Gewebe und bedeckt die Schultern mit Lederstreifen; der Arm ist mit einem Armleder bedeckt, das Herz durch ein Bruststück aus geflochtenen Lederriemen geschützt; dazu kommen noch eine mit Riemen befestigte Automobilbrille und eine lederne Schürze, die bis zur Brusthöhe hinauf reicht und über die Beine herab fällt, wie beim Hufschmied. Exponiert bleibt also nichts weiter, als Schädel, Gesicht und Ohren. Das Duell soll mithin kein tödliches sein.

Ich sehe mir die Waffen in der Nähe an: es sind lange, breite, schwere und sehr handliche Klingen mit abgerundeten Spitzen, die in einer Länge von 12 cm geschliffen sind.

Zur Linken jedes Kämpen steht sein ebenfalls gegen etwaige fehlgehende Hiebe gepanzerter Sekundant mit einer großen Fechtmaske auf dem Kopf: die Spitze des „Speeres" zu Boden gesenkt, den Oberkörper zurückgebogen, die Beine gespreizt, – so steht er da, um sofort zum Einfallen bereit zu sein, falls ein unkommentmäßiger Hieb geführt werden sollte.

---

[1] Wie viele „Partien" heutzutage an Samstagen in der „Landwehrschenke" stattfinden, lässt sich schwer ermitteln. Über viele Jahren wurde die Landwehrschenke als Freudenhaus genutzt.

Der Paukboden gegenüber der Landwehrschänke

Die Landwehrschänke an der Reinhäuser Chaussee

Der Unparteiische ruft:

„Silentium für die Mensur!”

Dann ruft er die Namen der Gegner und diejenigen ihrer Verbindungen aus.

Diese stellen sich einander gegenüber, stemmen die etwas gespreizten Beine fest auf und stützen die rechte Hand auf den langen Schläger. Ihre steifen Bandagen und Lederstücke, ihre großen in schwarzes Eisen gefassten Brillen und ihre starke Haltung verleihen den noch eben ganz alltäglichen jungen Männern etwas Unerschütterliches, Unheilvolles, ja geradezu Phantastisches.

Rund um den Saal herum sitzen und stehen die Studenten in ihren grellfarbigen Mützen auf Bänken und Tischen.

Die beiden Sekundanten decken sich sorgfältig in der von mir beschriebenen Stellung und drängen sich ganz nah an ihre Paukanten. Einer von ihnen, der die Leitung der Mensur übernommen hat, ruft laut:

„Legen sich aus!”

Die Paukanten heben die Arme bis über Kopfhöhe empor.

Der leitende Sekundant ruft abermals:

„Liegen aus!” was als letztes, vorbereitendes Kommando gilt. Dann erfolgt der letzte Ruf:

„Los!”

Sofort wirbeln die langen Klingen oberhalb der Köpfe umeinander herum, berühren sich und treffen auf gut Glück bald den Schädel, bald das Gesicht der Paukanten. Die geradeaus gereckten, mit Lederhandschuhen bekleideten Handgelenke werden in Höhe des Schädels ein wenig oberhalb der Stirn gehalten und dürfen sich nicht im geringsten vom Fleck bewegen. Die Entfernungen sind so berechnet, dass die Gegner einander bequem erreichen können, ohne vorzudringen. Es ist daher streng verboten, ein Schritt zu tun; die Füße müssen wie die Handgelenke in der zuerst eingenommen Stellung verharren. Die Waffe muss, bei Strafe von Disqualifikation, unausgesetzt in Bewegung bleiben. Die Paukanten brauchen die Schläger nur mehr oder minder rasch und geschickt über den Köpfen hin und her zu drehen. Dazu bedarf es keines Talents und keiner Fechtkunst: ein kräftiges Handgelenk genügt. Sind es Anfänger, so lässt man sie nur zwei oder drei Schläge hintereinander führen und ruft dann: „H a l t!"

Dem Prinzip nach besteht eine Mensur aus sechzig Gängen von je drei Schlägen. Aber es versteht sich von selbst, dass der Kampf bei besonders blutigen und ernsten Verwundungen durch den Sekundanten abgebrochen wird, indem er die „Abfuhr" seines Paukanten erklärt. Durchschnittlich währt jede Mensur etwa fünfzehn Minuten, mit Pausen von wenigen Sekunden zum Feststellen der Verwundungen.

Kaum haben sich die Klingen in Bewegung gesetzt, so sieht man auch schon an einem oder dem anderen Kopf, oder wohl auch an beiden, Blut herabrieseln.

„H a l t!" rufen die Sekundanten mit lauter Stimme.

Sie untersuchen die Verwundungen und melden dem Unparteiischen, einem jungen von den Parteien erwählten Studenten in bunter Mütze, dem das Zählen der „Blutigen" obliegt. Er nimmt die Mütze ab, nähert sich dem Verwundeten mit einem Stück Watte in der Hand, besichtigt die Wunde, berührt das Blut mit der Watte und verkündet:

„Ein Blutiger für Saxonia und zwei Blutige für Westfalia!"

Währenddessen bringen die Korpsbrüder einen hohen Stuhl herbei, an den ihr Kamerad seinen Rücken lehnt; andere ergreifen seinen rechten Arm und stützen ihn, um ihm Erleichterung zu gewähren.

Der Arzt tritt in weißer Schürze und Hemdsärmeln hinzu;

er hält ein Gefäß mit einer antiseptischen Flüssigkeit und ein wenig Watte in den Händen, um sich von dem Grad der Verwundung zu überzeugen, worauf der Kampf nach dem Kommando „S c h l ä g e r   h o c h !" seinen Fortgang nimmt.

Der Stahl tanzt durch die Luft, knirscht, wenn er sich mit der anderen Klinge begegnet und dringt lautlos in das Fleisch ein, wenn er sie vermieden hat. Man merkt den Hieb lediglich an der leichten Abweichung des wirbelnden Schlägers und an dem sofort hervorquellenden Blut.

Die Rapiere treffen einander mit Blitzesschnelle, und diese zukünftigen, Richter, diese zukünftigen Ingenieure schlagen einander schwupp! über das Organ der Philosophie und schwapp! über das Organ der Sanftmut und Liebesfähigkeit, und ratsch! über das Organ des Idealismus. Je toller, je besser!

Da es verboten ist, sich abzuwischen, so sind die Köpfe nach wenigen Gängen bis zur Unkenntlichkeit verändert. Breite rote Fäden rieseln über die Augen, an der Nase entlang, am Hals herunter, in den Schnurrbart hinein; die Haare kleben zusammen; ein Schmiss malt zwei lange rote Lippen auf den Schädel; ein anderer, der dicht am Ohr sitzt, ergießt sich über das Hemd und den Lederschurz; die Schläger sind ganz rot und fahren noch immer fort zu wirbeln und zu verwunden. Von Zeit zu Zeit nimmt man den Paukanten die Brillen ab, um einen Schmiss festzustellen. Dann sieht man, dass sie feucht sind und dass die Lider, Brauen und Wimpern in Blut gebadet sind.

Sobald die Mensur beendet ist, treten zwei neue Gegner auf, die nur mit alten Beinkleidern und ungestärkten Hemden bekleidet sind. Die Korpsbrüder staffieren sie heraus, bewickeln sie mit Bandagen und schnallen die Schutzstücke fest. Sie lassen sich das alles ganz ruhig und wortlos gefallen und scheinen vor allem darauf bedacht zu sein, eine gelassene Haltung zu bewahren.

* * *

Zwischen den verschiedenen Mensuren wird im Zuschauerkreis geschwatzt, gelacht und getrunken. Es ist acht Uhr morgens, und schon kreisen die Gläser! Einige von den jungen Leuten sehen kaum noch zu und gähnen. Ein Zuschauer liest in einem mitgebrachten Buch.

Ich habe wohl einem Dutzend solcher Zweikämpfe beigewohnt. Einmal erhielt einer der Paukanten gleich im ersten Fechtgang drei Schmisse; das Blut rann wie aus einer geneigten Kanne in ganzen Strömen bis auf die Stiefel des Verwundeten hinab. Die Mensur nahm ihren Fortgang.

„Weshalb hat dieser Student ein ledernes Futteral auf der Nase?“

„Weil er an der Stelle schon mehrere Schmisse hat, und man ihm bei weiteren Blessuren leicht die Nase durchschneiden könnte.“

Und richtig, schon im nächsten Gang attackierte Saxonia die Nase der Bremensia. Ein Nachbar von mir rief lachend aus:

„Die Nase! Die Nase!“

Die Sache ging weiter. Das Blut floss immer heftiger und lief dem Studenten in den Bart und in den Mund hinein. Er schnaufte laut, denn das Blut hinderte ihn am freien

Atemholen. Ein Schmiss, der die Bogen der Augenbraue herniedersauste, hätte auf ein Haar die Brille zerschmettert; man nahm sie ihm ab, um festzustellen, ob das Auge verletzt sei. Mit seinem blutüberströmten Gesicht, seinen vom warmen Nass geblendeten Augen und roten Lidern sah er aus, als ob man ihn bei lebendigem Leibe geschunden hätte. Niemand kehrte sich daran.

Man teilte mir mit, dass diese Mensur sich von den anderen unterschied, da sie „*pro patria*" stattfinde. Bremensia hat früher mit der Saxonia in Zwist gelebt und es ist daher Überlieferung, dass zwischen den beiden Korps alljährlich einmal Blut vergossen werden muss. Zu diesem Zweck vereinbaren die Verbindungen eine gewisse Anzahl von „Partien". Jedes Korps wählt seine besten Fechter aus. Der Komment bestimmt, dass jede dieser Mensuren wirklich fünfzehn Minuten dauern muss, ohne die Pausen zu rechnen.

Augenblicklich hat einer der Paukanten neun Schmisse, und der andere vier. Die Klingen klirren aneinander, die Schläge fallen wie Hagel. Zu Füßen des schwerer Verwundeten hat sich eine rote Lache gebildet; seine Füße stehen in seinem eigenen Blut.

„Die sanften, verträumten Deutschen!", sagte ich zu mir selbst. „Oh, Madame de Staël!"

Der Stahl tanzte um diese Hegelianerköpfe herum und drang erbarmungslos in die rosigen Wangen und blonden Schädel hinein.

„Ach, ihre Liebe zur Natur!"

Alle Wildheit, die diesen jungen Männern innewohnte, trat je nach der Stärke ihres Temperaments, und wahrscheinlich auch der Mischung ihrer Ahnen gemäß, in die Erscheinung.

Als sich auf der Wange des einen Paukanten eine klaffende Wunde zeigt, wird die Mensur für beendet erklärt. Der Sieger ist ein Saxone: ein kleiner, untersetzter rothaariger Mensch, mit sehr weißer, mit Sommersprossen besäter Haut, grünlichen Augen und hartem Blick. Der besiegte Bremense hat den Mund voll Blut und spuckt es unaufhörlich aus. Der Paukarzt, der gerade mit einem anderen beschäftigt ist, lässt ihn stehen und befasst sich mit diesem, dessen Wunden ernsterer Natur sind. Sein Hemd, seine Bandagen, sein Lederschutz, alles rieselt von dampfendem Blut! Seine Freunde drängen sich an ihn heran, lachen und schwatzen. Er selbst versucht zu scherzen. Aber das Sprechen macht ihm Mühe, denn das Blut rinnt aus der klaffenden Wange in den Mund und gurgelt. Einer trägt eine Schale mit Sublimatlösung herbei, ein anderer bietet dem Arzt mit einer Hand Verband-watte an, während die andere Hand eine brennende Zigarre hält. Zu dieser allgemeinen Heiterkeit will auch ich mein Teil beitragen; deshalb deute ich mit dem Finger auf den Schmiss in der Wange, der ein wenig wie ein schief gezogener Mund aussieht, und sage:

„Man sollte meinen, er hätte jetzt zwei Münder!"

Das bringt alle zum Lachen.

Seit unserer Ankunft flattert eine verängstigte Schwalbe im Saal umher und sucht nach einem Ausweg. Ihr kreisender Flug macht den Eindruck, als ob er sich dem Wirbeln der Schläger anschlösse.

* * *

So ging es noch stundenlang weiter.

Jetzt sitzen diejenigen, die sich bereits geschlagen haben, mit verbundenen Köpfen zwischen den Zuschauern. Sie mischen sich unter uns: einer hält ein halbes Küken in der Hand, der andere einen Teller mit Schinken; und alle essen trotz des Jodophormgeruchs und des blutigen Schauspiels mit gutem Appetit.

Der Paukarzt mit dem schwarzen Bart und dem Kneifer auf der Nase geht lächelnd und mit philosophischer Gelassenheit von einem zum anderen. Er spreizt die Wundränder auseinander, gießt ein wenig Sublimatlösung hinein, holt eine große gekrümmte Nadel hervor und näht die klaffenden Lippen der Schmisse im Nu zusammen. Es kommt mir vor, als ob einige von ihnen zwei bis drei Zentimeter tief und an zehn Zentimeter lang wären. Ich hätte gar nicht geglaubt, dass unserer Schädelhaut so dick wäre!

Kein Wort der Klage, kein einziges schmerzverzogenes Gesicht: das ist Komment! Der Arzt näht die Gesichtsschmisse noch rascher und rücksichtsloser. Es ist, als ob er die Nadel absichtlich mit solchem Mangel an Sorgfalt führte.

„Sonst würde man die Schmisse womöglich nicht sehen!" raunt er mir während einer Pause lächelnd ins Ohr.

Ich mache eine Bemerkung über seinen Gleichmut.

„Ach, ich nähe die Studenten ja seit zwanzig Jahren," erwidert er. „Ich habe über dreitausend Mensuren erlebt. Die Sache ist nicht gefährlich!"

Ein Diener säubert die Armschienen und Lederschürzen, die wie blutige Schlächterschürzen aussehen, mit einem großen Schwamm. Er sammelt die Wattebäuschchen auf und bestreut die dunklen, rotschillernden Lachen mit Kleie.

Dieser Diener mit den plumpen, ungeschickten Bewegungen und den rotgefärbten Händen sieht aus wie ein Henkersknecht nach der Hinrichtung.

Zwei Divans mit großkarierten Bezügen sind mit großen, rostfarbigen Flecken bedeckt.

Als ich dieses abstoßende und stupide Schauspiel hinter mir hatte, freute es doch, dass ich ihm beiwohnen konnte, denn es war mir, als ob ich einen Einblick in das Seelenleben der Deutschen getan hätte.[1]

* * *

Auch bei einem Säbelduell bin ich zugegen gewesen.

Eigentlich sind die Mensuren mit Schlägern verboten; aber Polizei und Behörden drücken ein Auge zu. Säbelduelle werden jedoch – wenn sie bekannt werden – nicht nur streng

---

[1] Mensurbild aus Göttingen - WS 1888/89 - Die schwarzen Verbindungen Holzminda und Frisia auf Mensur. Im Hintergrund die Burg Plesse.

bestraft, sondern womöglich auch verhütet. Auch die Verbindungen gestatten sie nur ausnahmsweise, wenn besonders schwere Beleidigungen vorliegen. Die beiden betreffenden Verbindungen wählen je drei Mitglieder, die den sogenannten Ehrenrat bilden; sie lassen sich den Fall vorlegen und entscheiden unbedingt darüber, ob das Duell zugelassen werden soll, oder nicht.

Schon von Tagesanbruch an wartete ich in meinem Hotel auf den liebenswürdigen jungen Studenten, der mich in aller Heimlichkeit zum Ort des Rendezvous hinführen sollte. Da man die Aufmerksamkeit der Polizei zu erregen fürchtet, waren nur zwei Wagen für die beiden Gegner und ihre Sekundanten bestellt worden. Die anderen Freunde begaben sich auf verschiedentlichen Umwegen nach Hoffmanshof hinaus.

Es war ein kühler, taufrischer Maimorgen. Göttingen lag noch in tiefem Schlaf. Wir gingen aus der Stadt hinaus und wanderten lange durch nasses Gras, indem wir uns vorsichtig die baumbestandenen Wege aussuchten. Die frühe Stunde und alle diese Vorsichtsmaßregeln verliehen der ganzen Unternehmung einen geheimnisvollen Anstrich, der mich sehr belustigte. Mein junger Gefährte, der sicherheitshalber statt der üblichen Mütze einen Hut trug, machte ein ernstes, fast bedenkliches Gesicht. Einer der Duellanten war sein bester Freund: ein ganz charmanter junger Mensch, den ich auch kannte, und mit dem ich noch am Abend zuvor den Becher geschwungen hatte.

Wir erreichten endlich einen ländlichen Gasthof, in dessen ziemlich großem Saal das Duell stattfinden sollte. Der Paukarzt hatte bereits eine Schale mit Sublimatlösung vorbereitet und das Verbandszeug zurecht gelegt; die Freunde der Duellanten waren damit beschäftigt, sie auszurüsten: sie schnallten ihnen ihren Brillen an, bewickelten die Handgelenke zum Schutz der Pulsadern mit langen Bandagen, bedeckten die Schultern, den Leib und den rechten Schenkel mit ledernden Schutzstücken, wozu sie sich u. a. eines schon reichlich oft gebrauchten, mit getrocknetem Blut bedeckten Lederschurzes bedienten. Man wendet im allgemeinen dieselben Vorsichtsmaßregeln an, wie bei Schlägermensuren. ungeschützt bleibt eigentlich nur das Gesicht und der Oberkörper bis zur Brusthöhe hinab. ich besichtigte die Waffen. Es sind kurze, leicht gekrümmte Säbel mit schwarzen Griffen und abgerundeten Spitzen; geschliffen sind die nur in einer Länge von dreißig bis vierzig Zentimetern.

Das Zeremoniell ist genau dasselbe, wie bei der Mensur. Nur stehen die Gegner näher gegenüber. das rechte Bein ist vorgestreckt, der linke Fuß ruht auf einem Kreidestrich, der nicht überschritten werden darf. Also auch hier ist die vollkommene Regungslosigkeit Vorschrift!

Die beiden sorgfältig bandagierten Sekundanten stehen zur Linken ihrer Duellanten.

Bei dem Kommando „Los!" beginnen beide fest und unbewegliche dastehende Gegner sofort mit aller Macht aufeinander loszuschlagen, wobei sie es besonders auf den Kopf abgesehen zu haben scheinen. Aber sobald sie dreimal zugeschlagen haben, unterbricht sie der eine Sekundant mit lautem Zuruf, indem er seinen Säbel zwischen sie streckt. Wird keine Wunde festgestellt, so wird der Kampf fortgesetzt; andernfalls wird ein „Blutiger" gemeldet und sogleich wieder angefangen. Wieder schlagen die beiden wie toll und blind auf einander los; die Säbel begegnen einander, klirren zusammen, gleiten ab und vereinen sich wieder. Keinerlei Fechtkunst tritt dabei zutage, keine Finte, keine Battuta[1]: es wird ganz einfach zugeschlagen, wie beim Holzhacken.

Bei dieser Gelegenheit wurde mein „Freund", (ich meine den, zu dem ich hielt, weil ich am Abend zuvor mit ihm gekneipt hatte) gleich beim ersten Gang am Kopf verwundet; beim zweiten Gang erhielt er eine Wunde am Arm und beim dritten einen entsetzlichen Schmiss an der rechten Schläfe.

---

[1] Battuta: ein *Klingenschlag* als Vorbereitung für den eigenen Angriff.

Das Blut spritzte heraus und begann in Strömen hervorzuquellen. Wir traten heran: der Hieb fing oberhalb des Ohres an und ging bis aufs Kinn herunter, und zwar in einer Länge von 12 Zentimetern. Ein Zentimeter mehr, und das Ohr wäre glatt abgeschnitten gewesen, denn die Wunde war so breit, dass ich einen Finger hätte hineinlegen können.

Das Duell war beendet. Die Freunde des Kontrahenten, es waren Mitglieder eines Korps, erklärten die „Abfuhr"[1]. Der andere, ein Burschenschaftler, war der Beleidigte: ich tröstete mich damit, dass das gerecht war.

Ganz gemächlich zog der Arzt die Ränder der Wunde mit der Pinzette zusammen und nähte dann im Fleisch herum, wie ein Tapezierer an einem dicken Teppich. Der Verwundete verlor sehr viel Blut. Sein Gesicht, sein Hals, seine Hände, sein Hemd und sein Beinkleid waren purpurfarben.

Währenddessen erschien eine blonde rosige Dienstmagd und brachte mit schüchtern lächelnder Miene ein Tablett mit mehreren Gläsern Schnaps. Sie schritt ganz ruhig durch das warme Blut hindurch.

Als die drei Schnitte vernäht waren, sah der Verwundete sehr blass aus. Ich sah es kommen, dass er in Ohnmacht fallen würde. Mit seinem Hemd und seinem verbundenen Kopf machte er den Eindruck eines Schwerverletzten, der nach einem Unfall ins Hospital gebracht wird.

* * *

Das barbarische Schauspiel hatte mir heftigen Widerwillen eingeflößt.

Auf dem Heimwege schoss mir etwas durch den Kopf, was ein deutscher Botschafter einmal zu mir gesagt hatte:

---

[1] Die Abfuhr ist eine einseitige Beendigung einer Mensur vor Ablauf der Zahl der festgesetzten Gänge. Das heißt, dass eine der beiden Seiten die Abfuhr „erklärt" und ihren Paukanten „abführt". (Hier eine „medizinische Abfuhr", „Abfuhr auf Schmiss").

„Die Studentenmensuren sind das einzig Ideale, was uns Deutschen geblieben ist; sie sind eine gute Schule für den Mut und fürs Ertragen von Schmerzen und stählen die Seelen unserer Jugend."

Ich bemühte mich umsonst, diesen Standpunkt zu begreifen. Wie kann es zur Erhebung der menschlichen Seele beitragen, dass man rücksichtslos auf das Haupt eines Mitmenschen losschlägt und dabei die Absicht hegt, ihm möglichst wehzutun? Man härtet sich gegen den Schmerz ab, das gebe ich zu. Aber ist es denn noch so nötig, seit die Gelehrten die schmerzstillenden Mittel erfunden haben? Und wenn man es durchaus will, könnte man sich dann nicht eigenhändig oder auf mechanischem Wege Schmerzen zufügen? Muss man denn anderen den Schädel einschlagen und die Wangen zerhacken, wenn man lernen will, dem Schmerz zu widerstehen?

Es muss also eine andere Erklärung für diese barbarischen Sitten geben.

Wenn sich wenigstens nur die dicken und vollblütigen Bestien schlügen! Aber nein; auch die Schwächlinge, auch schlaffe Jünglinge mit schmalen Schultern und weichen Muskeln, die nach dem Blutverlust noch bleicher werden, sind entzückt, wenn sie es „den Großen" nachmachen können.

Und nach dem Kampf stellt sich keine Freudigkeit ein, kein Rausch – nicht einmal eine Erregung. Diese stämmigen Biertrinker und schwächlichen Füchse haben also nicht einmal die Entschuldigung, dass sie an diesem barbarischen Gebrauch und an der Wildheit und Gefahr ihre Freude haben. Die blasierten Zuschauer sehen geradezu gelangweilt aus, und was nun gar die Verwundeten betrifft, so machen sie den Eindruck, als ob sie ganz von den unnützen Schmerzen und der auf den Blutverlust folgenden Schwäche hingenommen wären. Wo bleibt da die Freudigkeit der Pflichterfüllung? Wo die Begeisterung über eine vollbrachte schöne Tat, das wonnige Empfinden eines befriedigten Instinktes, der

Freudenrausch? Nicht einmal das sichtliche Vergnügen nach einer tüchtigen Douche[1] scheint vorhanden zu sein. Nein, diese jungen Leute kamen mir vor wie törichte, mürrische – und nur halb bewusste – Tiere, die in die eigene Falle geraten sind.

Was bleibt denn nun übrig? Das stolze Gefühl, scharfe Streiche ausgeteilt und empfangen zu haben, ohne sich einer Lebensgefahr auszusetzen? Der erbrachte Beweis der eigenen Brutalität?

Ich glaube, dass es gerade dieser Mangel an Lebensgefahr ist, der dieser Sitte etwas so Abstoßendes und Rohes verleiht. Wenn ein Mann in einem wirklichen Duell dicht am Tode vorübergegangen ist, so empfindet er noch lange eine tiefe seelische Erregung, die sich je nach Temperament in größerer Ernsthaftigkeit oder Freudigkeit äußert, ihn aber immer entweder innerlich oder äußerlich anregt und ihm ein erhöhtes Gefühl von Lebensbewusstsein verleiht. Und das ist das Einzige, was diese übrigens sehr törichte Sitte zu rechtfertigen vermag.

Hier ist davon keine Rede! Es gibt deutsche Studenten, die verschiedenen Verbindungen angehören und sehr befreundet sind und die sich schlagen müssen, weil sie dazu ausgewählt wurden ... Grenzt das nicht nahezu an Verrücktheit?

In Wirklichkeit gehorchen die Deutschen in diesem wie in vielen anderen Fällen dem Gesetz der Vererbung und der Vergangenheit; sie schlagen sich aus Tradition, weil der Kampf nun einmal das brutale Ideal ihrer kriegerischen Vorfahren war. Und ein andermal veranstalten sie „Kneipereien", weil ihre Vorfahren dem Trunke ergeben waren. Dazu kommt die Einfältigkeit der Jugend und der Umstand, dass sie es alle nicht erwarten können, als Männer betrachtet zu werden – und die Tatsache, dass solche Zweikämpfe mit ihren Wunden und Blutverlusten bei den

---

[1] Dusche

unüberlegten Frauen und Mädchen Entsetzen erregen und dass ihre „Schmisse" ihnen Gelegenheit geben, eine Pose anzunehmen und sich von diesen Gänschen bewundern und anstaunen zu lassen. Das sind nach meiner Ansicht die ganzen Ursachen dieser Mensuren.

Ich selbst erinnere mich noch heute, dass ich als Knabe die Verwunderung eines sehr schüchternen kleinen Mädchens von sieben Jahren zu erregen wünschte und meine Füße zu diesem Zweck durch den Rinnstein schleifte, weil ich mir einbildete, dass die Kleine dann denken würde: „Welche Kühnheit! Der hat vor nichts Angst!" Dieser Gedanke erfüllte mich mit Wonne. Einer von meinen Schulkameraden, der noch dümmer war als ich, rannte mit dem Kopf gegen die Wand, so arg er konnte und bis ihm die Tränen aus den Augen stürzten, und zwar lediglich, um seiner kleinen achtjährigen Freundin ein Schreckensgeschrei zu entlocken und ihre Bewunderung zu erregen!

Ich bin überzeugt, dass es ein ebenso törichtes Gefühl ist, das diese Kinder von achtzehn, zwanzig und zweiundzwanzig Jahren zu diesen barbarischen Mensuren antreibt. Sie wollen sich ein „ritterliches" Ansehen geben, wie sie es nennen. Und das ist so wahr, dass die Göttinger Photographen die Schmisse der Studenten auf ihren Photographien bei der Retusche möglichst stark hervorheben! Und dass der Paukarzt recht große Nadeln nimmt, damit die Spuren derselben sichtbar bleiben. Wenn also die deutschen Frauen diese dummen Ideen, die ihnen die Männer in den Kopf gesetzt haben, energisch abschütteln und gegen diese rohen Sitten protestieren wollten, so würden die Mensuren gar bald ein Ende nehmen.

Ein braver und jetzt ungemein friedlicher Mann, der ehemals zu einem Korps gehört hatte, erzählte mir mit wahrer Wonne von seinen Gefühlen bei der Mensur:

„Stellen Sie es sich vor, *Monsieur*! Man sieht den Hieb niedersausen und darf sich nicht regen, darf nicht mit der Wimper zucken. Das Blut läuft einem über die Kleider und in die Augen, so dass man nichts mehr sehen kann! Und wenn man beim Empfangen des Streiches auch nur mit dem Kopfe gezuckt hat, wird man durch Entziehung der Mütze bestraft, bis eine neue Mensur die Schande abgewaschen hat. Zuckt man aber zum zweiten Male, so wird man dimittiert[1], denn einen ‚Kneifer‘ können die Korps nicht in ihrer Mitte dulden."

Ich bemühe mich, ihm meinen Widerwillen begreiflich zu machen.

„Man könnte doch irgendein anderes Mittel ausfindig machen, um die Kaltblütigkeit zu fördern, da diese Kaltblütigkeit nun einmal eine nützliche Eigenschaft für alle Männer ist. Muss man sich denn gerade den Schädel spalten und drei Zähne ausschlagen lassen, wie der Student, den Sie mir vorhin zeigten? Gibt es nicht nützlichere und schönere Eigenschaften, die man diesen zukünftigen Richtern und Professoren beibringen könnte? Wenn Deutschland danach strebt, die Geschicke des zivilisierten Europas zu lenken[2], dann würde es gut tun, wenn es einmal hierüber nachdächte ..."

Aber ich merkte wohl, dass ich tauben Ohren predigte.

---

[1] ausgeschlossen

[2] Die zwanzigjährigen Studenten von 1907 wurden Ärzte, Juristen, Professoren, Wirtschaftsführer und Politiker. Sie lenkten in den 1930er und 1940er Jahren die Geschicke Deutschlands.
Bei weiterem Lesebedarf zu den Mensuren lese man Kurt Tucholskys „Briefe an einen Fuchsmajor" aus dem Jahr 1929.
Ausführliche Hinweise und Verweise zu dem Thema sind im Internet zu finden unter: www.wikiwand.com/de/Mensur_(Studentenverbindung).

Göttingen.

Das Trinken.

In diesem Kapitel werde ich meine Leser darüber aufklären, was es heißen will, wenn der deutsche Student „ein Glas Bier trinkt".

An einem Freitag wurde ich von einem Korps zum Abend nach der „Gülle" eingeladen, und da es mir immer darum zu tun war, mich zu unterrichten, so hütete ich mich wohl, die Einladung auszuschlagen. Die Gülle ist das Lokal, in welchem sich alle Korps zusammenfinden, um unter sich zu sein und zu trinken. Die Burschenschaften haben dazu den Ratskeller erwählt, denn hier in Göttingen befindet sich, wie in allen deutschen Städten, unten in den Kellerräumendes Stadthauses ein Restaurant. Die Korps haben sich dagegen diesen alten Stall mit weißgetünchten Wänden ausgesucht, der in eine Kegelbahn verwandelt worden war. Hier wurde ich also eingeführt. In einem langen, schmalen, niedrigen und verräucherten Saal[1] saßen etwa hundert Studenten der verschiedensten Couleurs an Tischen, die ganz mit Bierseideln bedeckt waren. Wenn die bunten Mützen nicht gewesen wären, hätte man sich einbilden können, in einem Trödlerladen zu sein, denn an den Wänden waren die rätselhaftesten und verschiedentlichsten Sachen befestigt, und andere noch erstaunlichere Gegenstände hingen in einem wirren Durcheinander an langen Bindfäden, die quer durch den Saal gespannt waren; da sah man Blechschüsseln, schmutzige Kragen, Papierlaternen, Laden- und Straßen-schilder, ein Nachtgeschirr, Handschuhe, einen Schleier, einen

---

[1] Vermutlich „Deutscher Garten" in der Reinhäuser Chaussee 22.

73

Pantoffel, alte Regenschirme, Frauen-Haarkämme, Reklame-schilder von Liebig, Odol und vielen anderen; einen Besen, eine alten Strohhut, Zylinder, Filzhüte, einen Vogelkäfig, Zappelmänner, einen Kutscherhut, ausgestopfte Tiere und tausenderlei andere verschiedenartige Dinge.

„Und das ist alles gefunden oder gestohlen!" klärte man mich auf.

Das war nicht nur amüsant und überraschend, es machte mir sogar geradezu Freude. Diese jungen Deutschen sind also doch wie alle anderen Menschen! Sie sind nicht die Tugendspiegel, für die sie gehalten werden wollen, und die ihre heuchlerische Erziehung aus ihnen machen möchte! Es sind Studenten, wie alle anderen? Da erweckt in mir das Gefühl der Sympathie ... Dass es in den Straßen von Göttingen keine vergnügten Mädchen gab, dass die Stadt so still war, und die Jugend so korrekt, o steif und förmlich, – das alles war mir so unnatürlich vorgekommen, dass es mich verwirrte und chokierte. Ich fühlte, dass diese jungen Leute so verschieden von mir waren und mir so fernstanden, dass ich mich geradezu zurückgestoßen fühlte, wie es immer der Fall ist, wenn man einander nicht begreift und ein allzu großer Gegensatz vorhanden ist. Denn was uns an fremden Völkern abstößt, ist nicht so sehr die Verschiedenheit der Sprache und der Haar- und Gesichtsfarbe, wie das Gefühl, dass man der innersten Natur nach zu sehr voneinander abweicht.

Der Tisch, an welchem ich mich niederließ, stand ganz vorne, dicht neben der Tür. Der dichte Zigarrenqualm machte es unmöglich, bis ans andere Ende des Saals zu sehen. Ich wäre sehr gern zwischen den Tischen herumgewandert, um mir die Reihen der Zecher und der Köpfe, die sich über die Seidel neigten, in der Nähe anzusehen. Aber ich begriff, dass das nicht ging. Jedes Korps hat seinen eigenen Tisch und kümmert sich nicht um seine Nachbarn; das ist Vorschrift. Man stattet einander keine Besuche ab. Während der drei Stunden, die ich hier verbrachte, kam es nicht ein einziges Mal vor, dass einer dieser Hundert Studenten an unseren Tisch

74

gekommen wäre oder einen von uns auch nur im Vorüber-
gehen angesprochen hätte. Und an den anderen Tischen war es
ganz ebenso. Diese Zurückhaltung lässt sich einzig und allein
durch den Dünkel der aristokratischen Kaste erklären. Die
Aristokraten, die in ein Korps eintreten und sich aus ihren
eigenen Kreisen ergänzen, wollen verhüten, dass schlichte
Bürgerssöhne aus diesem Umstand Vorteil ziehen, indem sie
sich mit ihnen anfreunden. Dieser veraltete Dünkel dieser
großen, plumpen Jünglinge – denn es ist ein Faktum, dass
diese Göttinger Aristokraten weit weniger vornehm aussehen,
als mancher Krämerssohn –, dieser veraltete Dünkel nimmt
den Zusammenkünften sehr viel von jener Herzlichkeit, die
solchen jugendlichen Vergnügungen sonst einen besonderen
Reiz zu verleihen pflegt.

Man versicherte mir, wenn ich zu später, aber ganz später
Stunde dabliebe, so würde ich vielleicht erleben, dass gewisse
Tische sich zusammentäten. Die Trunkenheit wirkt vermit-
telnd. Wenn sie erst zwölf bis fünfzehn Liter ausgetrunken
haben, so pflegt sich das bekannte Bedürfnis des Herzaus-
schüttens und der Verbrüderung einzustellen, wobei die
verschiedenen Farben der Mützen dann leicht in Vergessenheit
geraten.

Einstweilen sind sie jedoch darauf angewiesen, sich
untereinander zu belustigen. Sie legen sich allerdings keinen
Zwang auf. Es handelt sich nur darum, wer am lautesten nach
Bier schreit. Die Kellner sind blasse Jünglinge von vierzehn
oder fünfzehn Jahren, die müde und schwächlich aussehen
und „Aschantis" genannt werden. In dem Lärm und Qualm
hört man diesen Ruf wohl hundertmal wie ein Echo erklingen:
„Aschanti!" Sofort erscheint einer von den Jünglingen, man
ruft ihm zu: „Gülle!" Er nimmt das leere Seidel fort, lässt es
füllen und bringt es im Umsehen wieder. Diese Gläser gehören
den Studenten, deren jeder sein eigenes besitzt. Es sind
richtige Halbliterseidel, die auf einem Zinkreifen befestigt
sind, auf welchem der Eigentümer seine Mensuren, sowie
seine empfangenen und ausgeteilten Schmisse mittels

hergebrachter Zeichen notiert: wurde er selbst verwundet, so ist es ein Strich; hat er dagegen seinen Gegner durch einen gehörigen Schmiß „abgestochen", so wird das durch ein † bezeichnet.

Äußerlich unterscheiden sich die deutschen Studenten durch ihre Stämmigkeit und Schwerfälligkeit von den unsrigen; auch ihre Gesichter sind größer. Aber es gibt auch schlankere und biegsamere Gestalten unter ihnen, und ganz schmächtige und brünette Jünglinge mit schwarzen Haaren. Aber den jungen Herkules, der bei uns zu den Seltenheiten gehört, findet man hier sehr häufig. Er beginnt leicht dick zu werden und beginnt schon Fleisch anzusetzen, wenn ihm die ersten Barthaare sprießen. Was sie noch weit mehr von unseren Studenten unterscheidet, sind ihre Haare, die oft wegen der Behandlung der Schmisse ganz kurz abrasiert sind, und die Narben, die ihre Wangen, Stirnen und Schädel zieren.

Diejenigen, bei denen ich saß, waren sehr liebenswürdige junge Leute, die sich eifrig bemühten, mir gefällig zu sein und über alles Auskunft zu geben: fröhliche, einfache junge Menschen! Sah man diese ungezwungenen, ausgelassenen und geradezu lebhaften jungen Leute in der Blüte ihrer zwanzig Jahren so vermochte man sich kaum vorzustellen, dass sie eines Tages zu den schwerfälligen, dicken Deutschen werden würden, aus denen die Rasse der Mehrzahl nach besteht.

Jetzt gab ihnen ihre strahlende Jugend etwas sehr Anziehendes. Man vergaß ihren allzu bereitwilligen gehorsam, ihren Sinn für Disziplin und ihr Bedürfnis, selbst bei Vergnügungen kommandiert zu werden. Aber der Unterwerfungsinstinkt der Deutschen ist wirklich hart! Der Chargierte des Korps, der den Ehrenplatz oben am Tisch einnimmt, ruft in brüskem Ton:

„Fuchs!"

Der junge Mann springt fröhlich von seinem Stuhl auf und stellt sich mit der Mütze in der Hand und mit zusammengewachsenen Hacken vor seinem Vorgesetzten auf. Dieser gibt ihm einen Auftrag:

„Geh und schreibe den Namen Untel an die Bierverruftafel!“

Er eilt von dannen und kehrt zurück, um dem Chargierten, immer mit der Mütze in der Hand, zu melden:

„Der Befehl ist ausgeführt.“

Und es ist unverkennbar, dass dieser negerhafte Gehorsam ihm ungemeines Vergnügen macht, dass er mit wahrem Entzücken Befehle empfängt, während der Vorsitzende, der ihn so ungeniert herumkommandiert, ohne ein überflüssiges Wort zu verlieren, seine Autorität auch sichtlich genießen lässt.

Die Füchse dürfen noch nicht aus großen Seideln trinken; ihre Gläser haben nur einen viertel Liter Inhalt. Auch dürfen sie die „Burschen“ nur dann duzen, wenn es ihnen ausdrücklich erlaubt worden ist.

Das ist eine große Zeremonie. Ich durfte ihr einmal beiwohnen. Ein „alter Herr“ fand solchen Gefallen an der Geschwindigkeit, mit welcher ein Fuchs seine „Gülle“ austrank, dass er ihn vom anderen Ende des Tisches aus zu sich rief. Der Fuchs sprang flink von seinem Platz auf und ging mit dem Seidel in der Hand auf ihn zu. Was für ernste Worte da gewechselt wurden, vermochte ich nicht zu verstehen. Aber sie stießen miteinander an und tranken ihre Gläser dann mit ernster Miene aus, indem sie sich die freien Hände drückten; der alte Herr blieb dabei sitzen, und der Fuchs stand vor ihm. Niemand achtete auf dieses Intermezzo; das Bier vermittelte einen Freundschaftsbund, und diese von beginnender Trunkenheit veranlasste Duzbrüderschaft erregte keinerlei Aufsehen.

Der Feuereifer, den die Studenten beim Leeren ihrer Seidel an den Tag legten, erregte meine Verwunderung. Statt eine halbe Stunde an einem Glas zu trinken und dann eine weitere halbe Stunde vor dem leeren Seidel zu sitzen, wie bei uns in Frankreich, hatten die jungen Leute ihre Seidel kaum ausgetrunken – wobei sie nicht viel Zeit verloren! – als auch schon wieder der bekannte Ruf erscholl: „Aschanti! Gülle!" Es kam vor, dass die jungen Aschantis, die todmüde und bleich, mit dunklen Ringen um die Augen, hinter den Trinkern umherwanderten, hier und da selbst ein leeres Glas entdeckten und wortlos hingingen, um es zu füllen. Diese Zecher waren in der Tat nur hergekommen, um zu trinken, und nur um zu trinken, und sie tranken denn auch, als ob es gälte, eine Aufgabe zu erledigen. Das Bier verschwand wie durch Zauber in diesen zurückgebogenen Hälsen. Und wenn jemand sich zufällig einmal Zeit ließ, so wurde ihm sofort von irgend einem entrüsteten Korpsbruder zugetrunken.

***

Es gibt auch Regeln fürs Trinken.

Wenn einer zum anderen sagt:

„Wie finden sie die Gülle?" und man erwidert:

„Gut!" so wird man in Anklagezustand versetzt, denn man hätte sagen müssen:

„Göttlich!"

Die Anklage wird unverzüglich erhoben. Der Vorsitzende befragt die Korpsburschen unter Anwendung einer hergebrachten Formel, was für eine Strafe dem Angeklagten auferlegt werden soll. Diese Strafe besteht entweder in dem Befehl, eine bestimmte Anzahl von Litern zu leeren, oder darin, dass der Name des Betreffenden in den Bierverruf erklärt wird, oder auch in irgend einer anderen harmlosen Kinderei.

Man trinkt fast nie, ohne das Glas gegen jemand zu heben und „Prost" zu sagen.

Derjenige, der so angeredet wird, erhebt ebenfalls sein Glas. Hat er keinen Durst, so braucht er nicht sofort zu trinken: man verschiebt es auf später. Will man aber Folge leisten, so sagt man:

„Ich komme nach!"

Wird aber gerufen: „Prost! Einen Halben in den Bauch!" so muss man diese liebenswürdige Anrede dadurch erwidern, dass man umgehend sein Glas leert. Dies Bier darf dann nicht mehr benutzt werden, um jemand anders zuzutrinken; das wäre allzu bequem! Dann würde dasselbe Glas ja für zehn verschiedene Toaste ausreichen, wie bei uns in Frankreich, wo es genügt, wenn man nur durch eine kleine Geste entgegnet. Hier ist das ganz unzulässig!

Und diesem „Prosit in den Bauch" muss man in fünf Bierminuten nachkommen, was soviel bedeutet, wie drei wirkliche Minuten. Man hat also nur einen Moment, um sich zu sammeln …

Diese und hunderterlei Vorschriften bilden zusammen den sogenannten Bierkomment: Nämlich ein ganz genaues, gedrucktes Trinkreglement nach Art des „Leipziger Bierkomments", der auf allen Universitäten Deutschlands verbreitet ist, von aller Welt anerkannt wird und auf allen Tischen herumliegt.

Und was wird denn, abgesehen von diesem Rufen, diesem Geschrei und diesen Herausforderungen, gesprochen? Sprechen diese Studenten über Politik? Das ist verboten. Tauschen sie begeisterte und bestimmte Gedanken aus, wie es der Brauch der Jugend ist? Nein, sie rufen einander unausgesetzt „Prost!" zu, sie zitieren den Leipziger Komment, lachen über ziemlich nichtige Scherze und machen wohl auch eine flüchtige Bemerkung über das, was vorgeht …

Aber das ist auch alles. Eine wirkliche Unterhaltung, eine leidenschaftliche Erörterung irgend welcher, sei es auch noch so toller Theorien, kommt nicht vor. Ich mache einen Versuch und bringe irgend welche Namen aufs Tapet: Goethe, Nietzsche, Spencer, … umsonst, sie finden keine Beachtung.

Ich spreche über die Mensuren:

„Was nützt es Ihnen, wenn Sie einander gegenseitig die Gesichter zerhacken?"

Einer von den jungen Leuten erwidert mir ganz wörtlich Folgendes, was bei allen Zuhörern Anklang findet:

„Sieht man einen Menschen mit einem tüchtigen Schmiss, so sagt alle Welt: ‚Der hat Courage!‘ und man achtet ihn. Deshalb werden wir Studenten auch geachtet. Wenn wir auf der Straße gehen, macht man uns Platz, und die Frauen bewundern uns …“

Das offene Geständnis empfing ich im Vertrauen von einem Göttinger Studenten.

***

Es wird warm. Die Studenten fangen einer nach dem anderen an, die Röcke auszuziehen. Es trinkt sich viel bequemer in Hemdsärmeln, als in den beengenden Rockärmeln. Kaum haben sie sich wieder in Positur gesetzt, so erschallt auch schon der furchtbare Schrei:

„Aschanti! Gülle!“

Ich fragte sie, wieviel Liter Bier sie wohl durchschnittlich abends tränken?

„O, nicht übermäßig viel. Das Minimum ist sechs Liter. Einige trinken allerdings doppelt so viel.“

„Wie? Zwölf Liter Bier an einem Abend?“

Der ganze Tisch lacht herzlich über meine Verwunderung, und man erzählt mir von allerlei noch weit erstaunlicheren Heldentaten: Zahlen, die ich kaum wiederzugeben wage, weil ich fürchte, ich könnte mich geirrt haben … zwanzig Liter? … ich weiß es wirklich nicht.

„Sie würden sich auch leicht daran gewöhnen, wenn Sie ein wenig Übung hätten. Versuchen Sie es nur; Sie werden schon sehen, – Prost Rest!“

Dieses „Prost Rest!“ bedeutet soviel wie: „Auf Ihr Wohl, bis auf den Grund Ihres Seidels!“ Und um höflich zu erscheinen, musste ich mein Glas leeren. Ich sammelte mich einen Augenblick, dachte an die Ehre Frankreichs, die ich in

80

diesem Augenblicke in diesem hannoverschen Bierlokale zu vertreten hatte, und hob lächelnden Mundes mein Glas. Das ganz Korps betrachtete mich mit Interesse und Mitgefühl.

Ich trank ohne anzuhalten, ohne Atem zu holen, trank mit der ungezwungenen Haltung eines fünfzehnjährigen Schülers, bis kein Tropfen mehr vorhanden war. Ich erntete großen Beifall. Ich hatte den ersten Schritt zur Trunkenheit getan.

Dennoch verstand ich mich nicht aufs Trinken. Man machte mir keine Vorwürfe, aber ein „alter Herr", der wohl dreißig oder fünfunddreißig Jahre zählte (ein dicker Mann mit großem Bauch, gedunsenem Gesicht und großen blauen Augen, die in einer gelblichen Hornhaut schwammen), erbot sich, mir die Sache vorzumachen. Er packte den Henkel seines Seidels, hob den abgespreizten Ellenbogen bis zur Höhe des Kinns, öffnete den Mund und schüttete – es gibt kein anderes Wort dafür! – den ganzen Inhalt des Seidels hinein, ohne die Lippen zu berühren. Er trank ohne zu schlucken, folglich ohne das Bier irgendwie zu schmecken! In wenigen Sekunden war der halbe Liter verschwunden. Ich begeisterte mich über die Gabe, die ich unvergleichlich nannte. Aber da wurde Einspruch erhoben. Ein Fuchs machte sich u. a. anheischig, ebenso rasch zu trinken, wie sein „alter Herr". Das war eine Herausforderung, die der alten Generation zu Ehren angenommen werden musste. Das geschah denn auch.

„Aschanti! Gülle!" rief der alte Herr in kühlem Ton.

Er gab dem wagehalsigen Fuchs ein Zeichen, worauf dieser sich ebenfalls mit entschlossener Miene einen halben Liter bestellt. Der Vorsitzende rief! „Eins, zwei, drei!" Die Ellenbogen hoben sich, das bernsteinfarbene Bier rann in die schwarzen Mundhöhlen hinein, und wir beobachteten die Gläser, die sich rasch leerten, mit gespannter Aufmerksamkeit. Aber ach! der alte Herr stellte sein geleertes Glas auf den Tisch, und der kühne Fuchs hatte noch das halbe Seidel voll. Der halbe Liter war in wenigen Sekunden beiseite gebracht worden.

Der Sieger saß mit gelassener, etwas verächtlicher Miene da und sagte kein Wort, um seinen Triumph zu markieren. Er zuckte nur ganz leicht die Achsel und sah nach der anderen Seite.

Gegen elf Uhr brachen einige Studenten auf.

„Schon?" fragte ich ganz verwundert.

„Sie schlagen sich morgen," belehrte man mich, während ihre Freunde ihnen nachriefen: „Waffenschwein!" was soviel sagen will, wie „Viel Glück und gute Waffen!"

Unter den alten und jungen Studenten sah man auch ehemalige Korpsmitglieder, die in Göttingen wohnen und zuweilen zu den „Kneipen" kommen. Man borgt ihnen dann Korpsmützen, und die greisen Köpfe in den grellfarbigen Mützen machen inmitten dieser brausenden Jugend einen unnatürlichen und anstößigen Eindruck. Es gibt nur eins, was sie einander nahebringt: Das Bier und die Ehrerbietung, die die jungen Leute diesen Helden der Vorzeit entgegenbringen, die durch zwanzig Mensuren und tausende von Orgien geheiligt worden sind.

Man sieht unter diesen ehemaligen Studenten Gesichter, die den unheilbaren Alkoholiker verraten und die Befürchtung erwecken, dass sie im Irrenhause enden werden. Mit kaltblütiger, unfroher Miene und leerem, grämlichen Blick trinken sie ein Gals nach dem anderen, und man hat den Eindruck, als ob es sie verdrösse, dass sie sich unterbrechen müssen, um Atem zu holen. Andere sehen vergnügt und angeregt aus, trinken nur, um der allgemeinen Stimmung zu entsprechen und übertreiben es nur dann und wann, um zu beweisen, dass sie noch mitmachen können und keine Greise sind.

Ich fragte: „Wer trinkt denn am meisten?"

„Die Saxen", lautete die Antwort. „Die trinken wie toll!"

***

Im Ganzen genommen ist es eine systematische, wüste Orgie, die nur durch die Disziplin in Grenzen gehalten wird, und bei der keinerlei Streitigkeiten vorkommen.

Aber nicht ungestraft kann man so stundenlang hintereinander trinken. Der Magen mag noch so elastisch sein: sechs bis acht in rascher Reihenfolge verschlungene Liter Bier greifen alle Organe an, und vor allem den Magen … Fortwährend wandern bunte Mützen in allen Farben des Regenbogens an mir vorüber: besonders die blauen der Saxonia. Die Träger derselben sehen elend aus. Ich mache eine Bemerkung darüber.

„Sie gehen zum Speibecken," lautete die Antwort.

Soll ich dem Leser beschreiben, was ich da gesehen habe? Es ist nicht leicht und eigentlich auch nicht schicklich. Doch es muss sein, wenn ich die Eindrücke rechtfertigen will, die ich in Bezug auf den Charakter und die Sitten des deutschen Volkes mit nach Hause gebracht habe.

Das Speibecken ist das Vomitorium der Gülle.

„Sehen Sie," sagt mein Nachbar, der ein wenig französisch sprach, mit lachendem Munde, dies ist unser ‚bassin d'ivresse'."

Ich drehe mich um und sehe zum Fenster hinaus, an das ich mich eben lehnte. Wirklich, da war ein großes Zinkbecken mit zwei eisernen Griffen daran. Eben beugt sich eine blaue Mütze darüber, zwei Hände umklammern die Griffe, und der Rücken, der mir zugewandt ist, beginnt krampfhaft zu zucken, wie in verhaltener Anstrengung. Weiter sehe ich nichts. Aber es ist genug.

Und von jetzt an betrachte mir die vorüberwandernden bunten Mützen mit mehr Interesse. Hier kommt das Blau der Saxonia, dort das Grün der Westfalia, und dann folgt Hannovera, Brunsviga und Bremensia. Ganz Deutschland, die Hansastädte und die dissentierenden Königreiche begegnen sich hier vor dem Speibecken. Welche Solidarität, o meine Fürsten! Wer redet da noch von Partikularismus?

Doch hier kehren einige Saxonen vom ‚bassin d'ivresse‘ zurück … Noch etwas unsicher auf den Beinen, mit geröteten Gesichtern und nassen Augen, die sie mit ihren Schnupftüchern abwischen. Kaum habe sie ihre Plätze wieder eingenommen, so beginnen sie auch schon wieder zu trinken. Und dies Promenaden wiederholen sich mehrmals am Abend.

Doch genug davon! Es ist widerwärtig.

Ich wollte meine jungen Freunde, die mich so freundlich in der Kunst des Trinkens unterwiesen, um keinen Preis verletzen, aber ich konnte nicht umhin zu bemerken, dass der Stall, in welchem wir zechten, in nächster Nähe zum Vomitorium lag.

Und ich bin fest überzeugt, dass Deutschland nur gewinnen würde, wenn es diese garstigen Sitten aufgäbe!

* * *

[Es folgt das Kapitel „Hannover"].

Göttinger Rathaus

Gutingericks

Der Verfasser wurde vor geraumer Zeit dazu angeregt, Göttingen in Limericks einzufangen, was ja eigentlich nicht geht, denn das Einzige, das sich auf Gottingen reimt, ist eben Gottingen (Barbara). – Also nennt er seine Variationen gemäß dem Göttinger Urdorfnamen „Gutingi" konsequent „Gutingericks".

Eine Definition des Limericks beschreibt ihn als ein kurzes, oft scherzhaftes Gedicht in der Form *aabba*. Die erste Zeile enthält traditionell die handelnde Person und endet oft mit einer Ortsangabe, so dass der Name des Ortes oder des Landstrichs, auf den der Spottvers gemünzt ist, zugleich den Reim für die zweite und fünfte Zeile vorgibt. Dabei ist es durchaus erlaubt, den Reimen etwas Gewalt anzutun, sofern das der Pointe dient. Die Möglichkeit, Limericks zu schreiben, ist in verschiedenen Sprachen auf Grund der unterschiedlichen Sprachstrukturen unterschiedlich gut:

A limerick packs laughs anatomical
Into space that is quite economical.
But the good ones I've seen
So seldom are clean,
And the clean ones so seldom are comical.

So ein Limerick bringt – anatomisch --
uns zum Lachen, ganz knapp, ökonomisch.
Doch die guten – Verszauber –
sind zumeist nicht sehr sauber
und die sauberen meist nicht sehr komisch.

In den Gutingericks beschränken darüber hinaus Ortsnamen, historische Personen, Eigenschaften und Ereignisse die Möglichkeiten von Komik und Reim. Mancher Sinn mag sich erst erschließen, wenn man die angedeuteten Hintergründe kennt:

Das Gänseliesel küssen die frischexaminierten Göttinger Doktoren. – Der Reitstall samt Reit- und Fechtunterricht für die Söhne betuchter Eltern gehörte zu den ersten und wichtigen Einrichtungen der neugegründeten Universität. – Der Dichter und Übersetzer Johann Heinrich Voß gehörte zum Dichterbund „Göttinger Hain". Er studierte bei Heyne und gab (neben anderen) den Musenalmanach heraus. Berühmt seine Übersetzungen und Nachdichtungen grch. und röm. Autoren (Homer, Ovid, Vergil, Horaz, Hesiod, Aristophanes). – Georg Christoph Lichtenberg tat sich schwer mit den Universitäts-mamsellen und Bürgertöchtern. Er pflegte mehr den Hang zum Küchenpersonal und liierte sich mit jungen Frauen einfacher Herkunft. – Therese, Tochter des Altphilologen Heyne, heiratete den Weltreisenden, Schriftsteller und Revolutionär Georg Forster, in zweiter Ehe machte sie sich als Schriftstellerin Therese Huber einen Namen. – Über die Töchter des Orientalisten Michaelis, Caroline Böhmer-Schlegel-Schelling, Luise Wiedemann und Charlotte Diete-rich kann nachgelesen werden („Der kleine Teufel" Lotte hatte schon mit zwölf Jahren begonnen, den Männern den Kopf zu verdrehen). – Die Promotion von Dorothea Schlözer, verh. Budde, Tochter des Historikers Schlözer, erfolgte 1787. – Gottfried August Bürger starb verarmt und vereinsamt nach einigen Mesalliancen.

Der Student Carl von Hahn wurde 1798 beim Streit um das „Gossenrecht" (wer wem auszuweichen hatte) erstochen. Sein Grabmal (eine trauernde Frauengestalt über einem würfel-artigen Grabstein) befindet sich auf dem Bartholomäus-friedhof. – Der Schlender (auch: Kontusche) war ein beliebtes, bis zu den Füßen reichendes Obergewand der Damen in der Rokokozeit, zunächst als taillenloser Überwurf mit halblangen Ärmeln, später mit fest eingesetztem Schnürleibchen. Die Weender Straße war und ist Göttingens Promeniermeile. Der Flecken Bovenden liegt nördlich vom Stadtteil Weende. -- Göttingen war berühmt für seine Mettwürste. Die Wein-handlung Bremer existiert seit 1786. Heinrich Heine studierte in Göttingen, er ließ sich in Heiligenstadt protestantisch taufen. – Die Osterformel von Gauss nutzt die 19-jährige Konkordanz von Sonnenjahr und Mondjahr. – Anno 1833 gelangen C. F. Gauss und Wilhelm Weber in Göttingen die erste telegraphische Datenübertragung. – Zu den Göttinger Sieben (1837) gehörten auch die Brüder Grimm. – Das Grabmal des Mathematikers Peter Gustav [Lejeune-] Dirichlet (1805-1859) befindet sich auf dem Bartholomäusfriedhof. Die (heutige Goethe-)Allee gehörte zu den beliebten Spazier-wegen Göttinger Professoren. – Die Masch nannten die Göttinger die Wiesen westlich vom Leinekanal. Baron von Asch trug viele Exponate zu Sibirien zusammen, die sich in den Sammlungen der Göttinger Ethnologie befinden (Der *aabba*-Reim wurde hier der Moral geopfert!). – Die Graffiti im Karzer am Wilhelmsplatz können bei Führungen entziffert werden.

Bezüge zu Göttingen sind in den weiteren Limericks nur teilweise enthalten. Die Liebschaften von Studenten und Doktoren zu den Aufwärterinnen und Wirtstöchtern wird es in allen Universitätsstädten gegeben haben, ebenso vergeistigte Dozenten nur mit Ober- und ohne Unterleib. Der romantische Roman »Nachtwachen. Von Bonaventura« erschien 1804, der anonyme Verfasser [Klingemann] blieb lange unbekannt.

In Göttingen stand die Luise
Mit 'ner Gans und 'nem Korb auf der Wiese.
Nur zu gern sie wollt' wissen,
Wie Studenten wohl küssen,
Heute küssen Doktoren nur diese!

In Göttingen zeigt' ein Student
Für das Leben und Lieben Talent.
Er lernt Fechten und Reiten,
Nachts durchzecht' er die Kneipen,
Ward Magister, gar Doktor, am End!

In Göttingen las ein Professor
Von den Griechen den alten Homer vor.
Auf den Stühlen und Bänken
Schliefen müde Studenten,
Nur der musische Voß war ganz Ohr.

Einst ein bucklicht' Professor in Göttingen
Tat die Sehnsucht zum Weib fast verschlingen.
Zu den feinen Mamsellen
Mocht' er sich nicht gesellen,
Mit Marie tat's ihm endlich gelingen.

In Göttingen wollt' Einer frei'n
Die Therese vom Professor Heyn'.
Der sprach: „Und? Ist er Doktor?"
Er war's nicht, und nun hockt er
Vor Folianten von Vergil in Latein.

Herr von Schlözer, Gelehrter in Göttingen,
Seinem Kinde viel Wissen tat bringen.
Dorothee bald studierte,
Gar mit Siebzehn promovierte!
Auch 'nen Mann wusste sie zu Eheringen!

In der Göttinger Bibliothek
Ein Student las von abends erst spät,
Stets bis morgens um Vier gar,
Nur den Bonaventura
Weil er hofft, dass er so ihn versteht.

In Göttingen hoch auf dem Wall
Taten Purschen 'nen derben Krawall.
Es wollt' keiner entweichen,
Heut' erinnern zwei Leichen-
Obelisken an den tragischen Vorfall.

In Göttingen sprach Frau Michaelis
Ihren Töchtern vom Ehegeheimnis.
Carolin' tat erbeben
Die Luis' ward' verlegen
Sprach die Lotte: „Ja ja, ich weiß es!"

Das Grabmal von Charlotte Dieterich, geb. Michaelis
(1766-1793), auf dem Bartholomäusfriedhof.
Federzeichnung von Anna Fehler (1922).

In Göttingen auf der Weender
Eine Jungfrau spazierte im Schlender.
„Komm doch mit an die Leine
Und zeig mir deine Beine,“
Sprach ein Jüngling, es war ein Bovender.

In Göttingen aß Heinrich Heine
Von der Mettwurst, trank Bremersche Weine.
Doch er stutzt, doch ihm graut!
Und dann schimpft er gar laut:
„Oh, Ihr Gojim, Ihr schlachtet ja Schweine!“

In Göttingen rechnete Gauss
Mit 'ner Formel das Osterfest aus.
Seither legen die Hasen
Bunte Eier auf den Rasen.
Erst zu Pfingsten? Das wär' doch ein Graus!

In Göttingen schrieb Wilhelm Weber
Carl F. Gauss mit dem Zeichenangeber:
Lese: „Wissen statt meinen“
Weiter: „Sein statt (an)scheinen.“
Sprach der Gauss: „Ach das wusst' ich schon eher!“

König Ernst hat die Göttinger Sieben
Aus der Uni, aus der Stadt rausgetrieben.
Voll von Grimm noch darüber
Schieden nicht nur diese Brüder,
Auch die andern wär'n gern hiergeblieben!

In Göttingen auf der Allee
Herr Lejeune traf den Herrn Dirichlet,
Was ihn so echauffierte,
Dass er Primzahl'n verwirrte.
Lud er ihn, lud er selbst sich zum Tee?

In Göttingen, wohl auf der Masch,
Zeigt' ein Pursch' der Baronin von Asch
(O, wie reim ich? Fatal!
Wo bleibt da die Moral?)
– Reuse hoch! Er zeigt lieber 'nen Aal!

In Göttingen, oben im Karzer
Da saß ein ein Student, wohl ein Harzer.
Hat zuerst noch die Stunden
Für commod gar befunden,
Doch so langsam, da ärgert sich schwarz er.

In Göttingen sehnt' sich ein Doktor
Nach der Wirtin recht üppigen Tochter.
Auf dem Wall oben küsste
Er ihr Lippen, auch Brüste,
Aber dann, unterm Mieder, da stockt' er!

Entbindungs-Haus zu Göttingen.

In Göttingen lebt' ein Dozent
Der von Liebe und Mädchen nichts kennt.
Tausend Blumen und Bienen
Sind im Traum ihm erschienen,
Nicht ein Name davon war ihm fremd.

In Göttingen fragt' ein Gelehrter:
"Wo kommt denn bloß unsere Welt her?
Schuf ein Gott sie allein?
Wird für immer sie sein?"
Doch die Antwort blieb ihm ungeklärter!

In Göttingen, schier unermüdlich,
August Bürger dem Versmaß ergibt sich.
Er tat's auch bei den Frauen,
Doch denen darf man nicht trauen,
Sie sind in der Regel nicht friedlich!

Federzeichnung von Anna Fehler (1922)

Salamanca

„Salamanca" heißt eine Gaststätte in der Göttinger Garten-straße. Wer da heutzutage so alles verkehrt, ist nicht bekannt, aber mitunter hat es den Anschein, als sei es ein letztes Refugium der 68er Szene, liest man die dort gelegentlich aushängenden Plakate, Zettel und Ankündigungen. In grauer Vorzeit befand sich hier der „Thüringer Hof". Dann hatten, so war zu hören, Tina F. und Jacqueline A. die Räumlichkeiten übernommen, für ein junges Publikum urbar gemacht und nach einem neuen Namen gesucht. „Salamanca" steht seither auf dem Transparent über dem Eingang, benannt nach der Stadt in Spanien mit ihrer traditionsreichen, berühmten Universität (Die späteren Inhaber der Gaststätte beließen es bei dem Namen).

Also doch (leider) kein Zusammenhang, wie vermutet, mit Heinrich Heines Gedicht aus dem Zyklus „Die Heimkehr", von ihm wohl in seiner Göttinger Zeit geschrieben, als Heine mit seiner „Donna" ganz in der Nähe auf dem Wall spazieren ging. Dass mit den Worten „Auf den Wällen Salamancas" der Promenadenwall Göttingens zu verstehen ist, kann man auch in den *Stichhaltigen Beiträgen*[1] nachlesen: „Der Göttinger Wall, der das Rendezvous so vieler Verliebten ist und in der Studentensprache der *Poussirwall* genannt wird, endet am Geismar Tor mit einem sehr hübschen Gebäude, der berühmten Entbindungsanstalt Göttingens, dem bekannten *Accouchierhaus.*" So enden halt manche Spaziergänge …

---

[1] H.-H. Himme: *Stichhaltige Beiträge zur Geschichte der Georgia Augusta in Göttingen. Göttingen.* Vandenhoeck & Ruprecht 1987, S. 138 f. – Heine studierte in Göttingen 1820/21, wegen einer Duell-Affäre wurde er für ein halbes Jahr relegiert. Nach einem Aufenthalt u.a. in Berlin setzte er in Göttingen 1824/25 sein Studium fort. Das Gedicht wurde erstmals im Juli 1824 veröffentlicht.

Heinrich Heine
Buch der Lieder
Die Heimkehr
LXXX

Auf den Wällen Salamancas
Sind die Lüfte lind und labend;
Dort, mit meiner holden Donna,
Wandle ich am Sommerabend.

Um den schlanken Leib der Schönen
Hab ich meinen Arm gebogen,
Und mit selgem Finger fühl ich
Ihres Busens stolzes Wogen.

Doch ein ängstliches Geflüster
Zieht sich durch die Lindenbäume,
Und der dunkle Mühlbach unten
Murmelt böse, bange Träume.

»Ach Sennora, Ahnung sagt mir:
Einst wird man mich relegieren,
Und auf Salamancas Wällen
Gehn wir nimmermehr spazieren.«

Über die Autoren[1]

Jules Huret (geboren am 8. April 1863 in Boulogne-sur-Mer; gestorben am 14. Februar 1915 in Paris) war ein französischer Journalist, der durch seine Interviews mit Schriftstellern und durch Reisereportagen und Länderberichte bekannt wurde. Huret arbeitete seit 1892 als Journalist und Korrespondent für die französische Tageszeitung *Le Figaro*. Für die *Enquête sur la question sociale en Europe* reiste er nach Rom, Zürich, Wien, Deutschland und Russland. Ab 1902 berichtete er in Reportagen und Büchern von seinen weiteren Aufenthalten in den genannten Ländern und in Nord- und Südamerika.

Über Deutschland sind vier Bände erschienen:

En Allemagne. Rhin et Westphalie: prospérité, les villes, les ports, usiniers et philanthropes, les grands syndicats patronaux. 530 S., Paris: Bibl.-Charpentier 1907.

En Allemagne. De Hambourg aux Marches de Pologne. Kiel, Brême, Hambourg, mœurs et habitudes, le Mecklembourg, Dantzig, Koenigsberg, les kartels, la pédagogie, la question polonaise, chez le prince de Bülow. 497 S. Paris: Bibl.-Charpentier 1908.

En Allemagne: Berlin. l'avenir - la vie nocturne - le monde - le peuple - les ouvriers - officiers et soldats - l'antisémitisme - l'hygiène et la propreté. 400 S., Paris: Bibl.-Charpentier 1909.

En Allemagne: La Bavière et la Saxe. Munich - la bière et la saucisse - les arts - le théatre - le gout musical - les foires - la Saxe - Dresde - Leipzig - la fourrure - la librairie - le démocratisme. 458 S., Paris: Bibl.-Charpentier 1911.

---

[1] Als Quelle für biographisch-bibliographische Ersthinweise über die Autoren diente u.a. Wikipedia, auf die für eine weitere Orientierung zu Biographie, Werk und Literatur verwiesen werden kann.

Die Bände liegen in deutscher Übersetzung vor:

In Deutschland. I. Teil. Rheinland und Westfalen. Autorisierte Übersetzung von E.[lise] v.[on] Kraatz. 559 S., Leipzig [u.a.]: Grethlein [1907].

In Deutschland. II. Teil. Von Hamburg bis zu den polnischen Ostmarken. Autorisierte Übersetzung von E.[lise] v.[on] Kraatz. 537 S., Leipzig [u.a.]: Grethlein [ca. 1908].

[In Deutschland. III. Teil]. Berlin. Einzig berechtigte Übersetzung aus dem Französischen von Nina Knoblich. 361 S., München: Langen [1909].

[In Deutschland. IV. Teil.]. Bayern und Sachsen. Einzige berechtigte Übersetzung aus dem Französischen von Nina Knoblich. 410 S., München: Langen [1910].

Anm.: Der Band über Berlin wurde um 1909 mehrfach aufgelegt, zudem ist 1997 eine bibliophil gestaltete Neuausgabe erschienen: Berlin um Neunzehnhundert. Mit einer Einführung von Ehrhardt Bödecker. 19 Abb., 402 S., Berlin: Tasbach 1997.

Bis auf den Band über Berlin sind die Bände antiquarisch kaum erhältlich. Der interessierte Leser wird auf die großen Bibliotheken verwiesen.

Die im Besitz des Herausgebers befindlichen Bände I und II sind auf stark säurehaltigem Papier gedruckt, das schon beim Transkribieren zerbröselte.

Karl Julius Weber (geboren am 16. oder 20. April 1767 in Langenburg; gestorben am 19. Juli 1832 in Kupferzell) war ein deutscher Schriftsteller, Satiriker und Philosoph. Seine 1832-1840 bei Brodhag in Stuttgart in mehreren Bänden erschienenen philosophisch-satirischen Betrachtungen unter dem Titel *Dymocritos oder hinterlassene Papiere eines lachenden Philosophen* sind bis in die Gegenwart in Auszügen mehrfach neu herausgegeben worden. Bedeutsam und für dieses Buch herangezogen wurden *Deutschland, oder Briefe eines in Deutschland reisenden Deutschen.* 4 Bände, Stuttgart, bei Gebrüder Franckh, 1826–1828 (Bd. 1, 1826, 594 S.; Bd. 2, 1827, 668 S.; Bd. 3, 1828, 770 S.; Bd. 4, 1828, 856 S.). Die Bände sind in der Göttinger SUB vorhanden. Eine „zweite, vermehrte und verbesserte" Auflage ist 1834-1855 in der Hallberger'schen Verlagshandlung in Stuttgart erschienen.

Bis auf Auswahlbändchen über Südwestdeutschland sind die *Briefe eines in Deutschland reisenden Deutschen* antiquarisch so gut wie nicht erhältlich. Der interessierte Leser wird auf die großen Bibliotheken (Digitalisierungszentren) verwiesen.

Zu Karl Julius Weber sind im Internet eine größere Anzahl von Zitaten aus dem *Demokrit* zu finden, die wohl einen guten Eindruck von der Denkweise und dem Sprachstil dieses Spötters vermitteln.

Der Herausgeber **Klaus Hübner**, Jahrgang 1946, ist gebürtiger Soziologe und als solcher dilettiert er in alle Himmelsrichtungen. Er lebt seit 2002 in Göttingen, seit 2003 ist er ehrenamtlich für die 1977 gegründete Lichtenberg-Gesellschaft e.V. als Geschäftsführer tätig.

Lichtenbergs Gartenhaus.

„Im Sommer weilte Lichtenberg so gern in seinem (leider 1907 abgebrochenem) Gartenhause an der Weender Landstraße. Abbildungen davon sowie der wunderhübsche Schlüssel zu seinem sommerlichen Wohnzimmer und sein Spazierstock sind auch dem Museum geschenkt.“
Göttingen in Bild und Wort. Mit Federzeichnungen von Anna Fehler. Göttingen: Dieterich'sche Universitätsbuchhandlung Becker u. Eidner 1922, S. 57.

Über'n Tellerrand

Die Göttinger Georgia Augusta hatte sich bereits kurz nach ihrer Gründung in den deutschsprachigen Landen und im englischsprachigen Teil der welfischen „Doppelmonarchie", der Personalunion, einen guten Namen als Arbeitsuniversität erworben. Gerlach Adolf von Münchhausen plante und steuerte, namhafte Professoren wurden berufen, andere erwarben sich hier schnell ihre Reputation. Die erste wissenschaftlich geordnete und kuratierte, frei zugängliche Universitätsbibliothek war bald das Maß aller Dinge, das Rezensionsblatt der „Göttingischen Anzeigen" allgemein zur Pflichtlektüre und zum wissenschaftlichen Forum geworden.

Wer sich mit der Universitätsgeschichte und mit dem studentischen und kulturellen Leben im Leine-Athen beschäftigen möchte, dem werden in der SUB, der Göttinger Staats- und Universitätsbibliothek, 193 gedruckte Werke dargeboten. Aber davon eignet sich nur ein Bruchteil als Einstiegslektüre. Hier seien nur einige Titel genannt, die in Antiquariaten noch zu finden sein dürften.

Ludwig Wallis: *Der Göttinger Student oder Bemerkungen, Rathschläge und Belehrungen über Göttingen und das Studenten-Leben auf der Georgia Augusta. Mit acht Kupfertafeln.* Göttingen: Vandenhoeck und Ruprecht 1813 [und: 1913, 1981]. Das Werk ist „Alle[n] angehenden Söhnen der hehren Georgia Augusta vorzugsweise gewidmet von einem abgehenden Zögling und heißem Verehrer der Musen" und bot vielleicht etwas mehr Orientierung über das Leben auf der Universität, in der Stadt und ihrer Umgebung als die heutigen O-Phasen (Orientierungsphasen). Allerdings waren die Verhältnisse damals übersichtlicher. Und wenn der *Mulus* nach der Lektüre des sechsten Abschnitts „Gebräuchlichste Ausdrücke und Redensarten der Studenten" (S. 90-117) die studentischen Idiome gelernt hatte, bedurfte es nur noch des väterlichen Wechsels für strebsame oder wilde Jahre auf der Universität. Ganz hübsch zu lesen!

Mit biographischen Porträts und Lesepröbchen wartet das von Albrecht Schöne herausgegebene *Göttinger Vademecum* auf. Es ist zwar kein Mundwasser, aber bei Gebrauch wird das Gehirn gut gespült und durchblutet. „Ein literarisches Gästebuch und historisches Poesiealbum, welches leselustige Fußgänger und spazierfreudige Leser in 5 Jahrhunderte führt und durch 172 Straßen der Stadt" heißt es im Untertitel, einige davon sieht man auf dem von Uwe Brandi gestalteten Buchumschlag. In 123 Artikeln werden 125 Schriftsteller und Schriftstellerinnen vorgestellt, die in Göttingen gelebt und gewirkt haben: Der klassische Kanon plus Barbara. Die Namen der über 70 „Beiträger" lesen sich heute wie ein Who's Who nicht nur der Göttinger Literaturwissenschaft. Wer am Internationalen Germanistenkongress 1985 in Göttingen teilnahm, bekam das Büchlein als Erinnerungsgeschenk überreicht, gesponsort von der C. H. Beckschen Verlagsbuchhandlung in München und von Vandenhoek & Ruprecht in Göttingen. Alle anderen mussten (und müssen) es kaufen.

Historisch, biographisch, literarisch und mit angemessen neuem Blick auf „Kultur" ist die 1984 von Jörn Laue und Rudolf Schmitt herausgegebene Göttingen-Anthologie. Der *Göttinger Sudelalmanach* der Flattersatz-Redaktion ist erschienen im Verlag *Die Werkstatt.* Zwischen den Umschlagdeckeln haben sich u.a. Philippine Gatterer, Gottfried August Bürger und Georg Christoph Lichtenberg mit Wolfgang Bittner, Franz-Josef Degenhardt und der „Erklärung der 18 Atomwissenschaftler vom 12. April 1957" zu vertragen. Abwechslungsreich und reichhaltig illustriert ist das Buch zudem!

Nicht gerade ums Vater- und Mutterland, aber um die Göttinger Kulturgeschichte haben sich auch die Autoren und Mitarbeiter vom Göttinger *Satzwerk* Verlag verdient gemacht. *Hier trieft der Honig der Erkenntnis. Das Göttingen-Lesebuch* lautet das 2002 von Peter Köhler & Thomas Schaefer herausgegebene Kompendium. Der das Titelzitat liefernde Lichtenberg musste nicht um einen Beitrag gebeten werden, der gab auch so. Für das Lesebuch gewonnen wurden u.a. Wiglaf Droste, Robert Gernhardt, F.W. Bernstein (na, irgendwie sind es ja auch Göttinger) und Gerhard Henschel. Jürgen Roth lieferte einen Originalbeitrag. – Lesenswert! Nicht gerade ein Studienratgeber für eine frischgebackene Abiturientin!

Soweit die notwendige Werbung für anderer Leute Bücher. Ganz anders und keineswegs in die Reihe mit den vorgenannten Werken gestellt wissen möchte der Herausgeber sein hier vorliegendes Büchlein, das mit zwei Beiträgen heute nahezu unbekannter bzw. vergessener Autoren die Geschichte von Leine-Athen und den Bericht des Universitäts-Bereisers Friedrich Gedike[1] aus dem Jahr 1789 ein wenig ergänzen möchte.

* * *

Bildnachweis

Die verwendeten Abbildungen gelten als „gemeinfrei". Titelblatt bzw. Umschlagtitel und Frontispiz sind den genannten Büchern von Weber und Huret entnommen. Die übrigen Bilder und Illustrationen wurden für dieses Buch hinzugefügt. Die Kupfer zu „Salamanca" sind aus den Göttinger Taschen-Calendern von 1793 und 1799. Sollten versehentlich Bildrechte verletzt worden sein, so bittet der Herausgeber um Entschuldigung. Sollte sich eine Person auf den verwendeten Fotos in ihren Persönlichkeitsrechten verletzt fühlen, so wird der Herausgeber Satisfaktion gern verweigern. Aber er fürchtet ohnehin, für den oder die Betreffenden nicht satisfaktionsfähig zu sein.

---

[1] Richard Fester: Der Universitäts-Bereiser Friedrich Gedike und sein Bericht an Friedrich Wilhelm II. Berlin: 1905.

Inhalt